CARLOS A. BACCELLI

Mediunidade e EVANGELHO

Odilon Fernandes *(Espírito)*

INSTITUTO DE DIFUSÃO ESPÍRITA
Av. Otto Barreto, 1067 - Caixa Postal 110
CEP 13602-970 - Araras - SP - Brasil
Fone (19) 3541-0077 - Fax (19) 3541-0966
C.G.C. (MF) 44.220.101/0001-43
Inscrição Estadual 182.010.405.118

IDE EDITORA É APENAS UM NOME FANTASIA UTILIZADO PELO INSTITUTO DE DIFUSÃO ESPÍRITA, O QUAL DETÉM OS DIREITOS AUTORAIS DESTA OBRA.

www.ide.org.br
info@ide.org.br
vendas@ide.org.br

Capa:
César França de Oliveira

6ª edição – janeiro/2008
5.000 exemplares
(21.501 ao 26.500)

FICHA CATALOGRÁFICA

(Preparada na Editora)

Baccelli, Carlos, A., 1952-

B116m *Mediunidade e Evangelho* / Carlos A. Baccelli, Espírito de Odilon Fernandes. Araras, SP, IDE, 6ª edição, 2008.

144 p.: il.

ISBN 978-85-7341-380-9

1. Espiritismo 2. Mediunidade 3. Psicografia I. Fernandes, Odilon II. Título.

CDD-133.9
-133.91
-226

Índices para catálogo sistemático:

1. Espiritismo 133.9
2. Mediunidade: Espiritismo 133.91
3. Psicografia: Espiritismo 133.91
4. Evangelho 226

ÍNDICE

MEDIUNIDADE E EVANGELHO

Se é verdade que o Evangelho desceu à Terra pela Intermediação Divina do Cristo de Deus, não é menos verdade que sem Evangelho a mediunidade não cumprirá com as suas elevadas finalidades entre os homens.

ODILON FERNANDES

Uberaba, 18-04-92

I

OS ESPÍRITOS

> *"Ora, essas almas que povoam o espaço são precisamente o que se chamam* Espíritos; *os* Espíritos *não são, pois, outra coisa senão as almas dos homens despojadas do seu envoltório corporal."*. (*O Livro dos Médiuns* – Primeira Parte – Cap. I – item 2 – edição IDE)

Não sendo mais do que homens desencarnados, os Espíritos, a princípio, não possuem uma sabedoria maior do que a dos que ainda mourejam no corpo físico. Afirmaríamos mesmo que a maioria dos Espíritos vinculados à psicosfera do planeta encontra-se ainda em estágio primário de evolução intelectual e moral.

A desencarnação não confere a ninguém a

auréola de santidade sem esforço ou o conhecimento que não se adquiriu à custa de ingentes sacrifícios.

Em desencarnando, nem todo Espírito entra, por assim dizer, na posse do "patrimônio do passado". Não raro, esse "passado", para a maioria dos Espíritos, apresenta-se medíocre em matéria de conquistas espirituais. Muitos não têm a lembrar senão dissabores e grandes equívocos. Poucos são aqueles cujas experiências pretéritas, quando retomadas pela memória, acrescentam ao "presente" alguma coisa de útil.

Não é porque o Espírito já viveu muitas existências na Terra que ele necessariamente seja versado em diversos temas da vida. Tudo é uma questão de bom senso. O que determina o aproveitamento do Espírito nas experiências vividas é o seu empenho em assimilar as lições. Existem Espíritos que, considerados mais "novos", superam os que estagiam há mais tempo nas faixas da razão.

Para que o Espírito retome, de forma consciente e produtiva, o chamado "patrimônio do passado", arquivado em seu subconsciente, é indispensável que ele possua discernimento para *saber o que fazer de si mesmo* e um certo grau de maturidade espiritual.

Estas considerações vêm a propósito da confiança cega que os médiuns, às vezes em interesse próprio, costumam depositar nos Espíritos.

Os Espíritos carecem de ser ouvidos sempre com cautela. Kardec, no serviço da Codificação, procurou ouvi-los reiteradas vezes através de médiuns diversos, em diferentes ocasiões.

Existem Espíritos que, embora sinceros nas opiniões que externam, agem de forma equivocada; outros, intitulados pseudo-sábios, falam do que conhecem superficialmente como se fossem grandes mestres no assunto.

Atualmente, grassa no meio espírita a delicada tarefa da cura, envolvendo cirurgias e receituários. Ora, nem todo Espírito – e nem todo médium – tem a obrigação de efetuar diagnósticos quando consultado a respeito. O médium espírita que é apto para a produção de um tipo de comunicado talvez não o seja para outro. Aqui entra em ação o personalismo: o médium, não desejando confessar as suas limitações, envereda por um caminho perigoso, colocando em risco, de forma inescrupulosa, a vida de muita gente.

O médium quando genuinamente "receitista" – e o temos em número bastante reduzido – deve estudar e pelo menos ter uma noção de para que serve esse ou aquele medicamento que prescreve.

Mesmo quando se trate de receituário homeopático, o médium tem o dever de esclarecer-se para cooperar com o Espírito, não deixando à conta dele toda a responsabilidade.

Os médiuns não podem desconsiderar a inspiração, mas também não devem descurar-se da vigilância.

Em outras áreas da mediunidade, os cuidados carecem de ser os mesmos, tendo-se sempre em mente que entre *transmissor* e *receptor* deve haver uma perfeita sintonia para que a *mensagem* não sofra distorções prejudiciais.

Levemos ainda em consideração que, com o passar do tempo, tanto o médium quanto o Espírito que habitualmente se comunica por seu intermédio podem modicar o seu ponto de vista sobre essa ou aquela questão. Isto é perfeitamente compreensível, de vez que a cada dia as nossas idéias vislumbram horizontes mais amplos. Médium ou Espírito que admite mudanças para melhor, confessando humildemente seus enganos, revela-se muito mais confiável do que aquele que se julga infalível.

II

CRENÇAS POPULARES

> *"Conquanto o Espiritismo reconheça em muitas crenças populares um fundo de verdade, não aceita, de nenhum modo, a solidariedade de todas as histórias fantásticas criadas pela imaginação."* (Cap. II – Primeira Parte – item 14 – parágrafo 5º)

De fato, em quase todas as crenças populares existem um fundo de verdade. Também neste sentido o Espiritismo apareceu para os esclarecimentos que se fazem necessários, à luz da fé raciocinada.

A lenda do lobisomem, por exemplo, é uma crença popular que tem atravessado séculos. Como e quando teria surgido? Provavelmente, foi na Idade Média que esta crença, ao lado de tantas outras superstições, ganhou força. Entretanto, segundo pudemos nos informar na Vida Espiritual, a lenda do lobisomem não passa de uma manifestação de *licantropia*. Determinados Espíritos, sob hipnose de mentes mais poderosas ou mesmo pela ação do próprio pensamento sobre o corpo espiritual, assumem formas animalescas com o propósito de se tornarem mais aterrorizadores aos olhos de quem consiga percebê-los pela vidência psíquica ou mesmo quando consigam uma materialização total ou parcial de si mesmos.

Este tipo de crença popular, no entanto, perde-se na noite dos tempos. A Bíblia fala que Satanás transformou-se numa serpente para tentar Adão e Eva... Entre os egípcios e os hindus acreditava-se que, por punição, o Espírito poderia voltar à Terra no corpo de um animal. Pitágoras, o grande iniciado grego, apregoava o respeito para com os cães, dizendo que um deles poderia ser a reencarnação de um Espírito amigo...

Embora fruto de muitas controvérsias, Jesus igualmente lidou com a *licantropia*. O episódio do obsidiado gadareno, que vivia entre os túmulos de um cemitério, é muito significativo. Os Espíritos que se autodenominavam "legião" pediram ao Mestre que os enviasse a uma manada de porcos que pastava próxima... Não vamos discutir se na região existiam ou não porcos.

Talvez não seja tão conhecido dos espíritas o fato de que no cemitério de Sacramento, Minas Gerais, uma jovem *tomada* de um Espírito "fuçava" o túmulo do grande missionário Eurípedes Barsanulfo, revirando a terra e desferindo guinchos próprios do animal em questão. Trazido a determinado grupo espírita de Uberaba em tarefas de desobsessão, depois de longas e pacientes sessões, conseguiu-se que o Espírito começasse a falar como um ser humano e se descondicionasse a nível de corpo espiritual. A jovem, evidentemente, tratada sem sucesso pela medicina convencional, recuperou-se e passou a viver uma vida normal.

Com o devido respeito que nos merecem, a leitura de sorte através de cartas, o jogo de búzios, a bola de cristal, a posição dos astros no firmamento e outros expedientes semelhantes, resumem-se puramente a um fenômeno mediúnico de intuição, dupla vista, presciência... Medianeiros os temos em toda parte e em todas as condições.

Essa ambientação mágica e mística em torno do fenômeno é completamente dispensável, em que pese a "sugestão" que possa causar nas mentes ainda demasiado presas a rituais e fórmulas exteriores.

A Doutrina Espírita desmistifica e demitifica todo tipo de relacionamento com o Invisível, demonstrando que o intercâmbio pode acontecer dentro de um clima de maior naturalidade possível.

Os Espíritos que se deixam atrair por objetos e fórmulas bizarras de evocação, embora possam agir de boa vontade, são Espíritos um tanto quanto vinculados às coisas do mundo material, como os médiuns de que se servem e as pessoas afeitas ao imediatismo das coisas.

Porque propõe a *renovação íntima* como base da solução de todos os problemas, e a *renovação íntima* requer disciplina, perseverança, renúncia, sacrifício e trabalho cotidiano, as pessoas, habituadas à lei do menor esforço, preferem soluções mais rápidas e menos "onerosas" para os seus problemas existenciais. É no que, infelizmente, a maioria se compraz e é este o maior obstáculo para a vitória do Evangelho nos corações.

Cabe ao Espiritismo explicar o *maravilhoso* e o *sobrenatural* que, a bem da verdade, têm ensandecido muitas mentes, mantendo-as acorrentadas a um estranho cativeiro espiritual, impedindo, assim, os vôos mais altos do Espírito em busca de sua própria iluminação.

III

PROSÉLITOS

> *"O desejo natural e muito louvável de todo adepto, desejo que não se saberia mais encorajar, é o de fazer prosélitos."* (Cap. III – Primeira Parte – item 18)

Em nossa opinião, o Espiritismo não deve, ao contrário de outras religiões, ter a preocupação sistemática de fazer prosélitos. É claro que a tarefa da divulgação de nossos princípios é imperiosa, no entanto mesmo aqui carecemos de ter bom senso, sob pena de nos transformarmos em fanáticos propagadores da Verdade.

Foi com a preocupação precípua de orientar os espíritas na difusão da Doutrina que Kardec escreveu o capítulo do "Método", afirmando que "os meios de convicção variam extremamente segundo os indivíduos; o que persuade alguns não produz nada nos outros; tal é convencido por certas manifestações materiais, tal outro por comunicações inteligentes, a maioria pelo raciocínio."

O próprio Kardec convenceu-se da realidade do fenômeno através do raciocínio. No entanto, enquanto não descobriu a "causa" que fazia as mesas se movimentarem, não parou de investigar.

O fenômeno mediúnico em si, na maioria das vezes deixando a desejar pelas condições em que é produzido, seja por deficiência do médium ou do Espírito comunicante, não é o mais seguro meio de convicção. Um sábio como William Crookes careceu de três anos seguidos, estudando as materializações de Katie King, para convencer-se. Alguém que tivesse uma primeira experiência de vidência com um Espírito quereria ter uma segunda, uma terceira, e assim sucessivamente, para não acreditar-se alucinado.

No Evangelho, depois de ter efetuado tantos prodígios como o da ressurreição de Lázaro, a cura de tantos doentes e endemoninhados, a transfiguração no Tabor, a levitação sobre as águas, a multiplicação dos pães e dos peixes, os seguidores de Jesus ficam na expectativa de outras provas para, definitivamente, crer que Ele era o Messias. No momento extremo da cruz, Gestas o desafia: "Tu, que destróis o templo, e em três dias o reedificas, salva-te a ti mesmo; se és Filho de Deus, desce da cruz."

Estamos convictos, em nossa condição de Espíritos desencarnados, que a nossa missão, em nos comunicando junto aos homens, é a de simplesmente manter acesa a chama da dúvida dentro das almas.

Só se convence verdadeiramente quem se convence pela razão. Daí a importância da veiculação da *mensagem espírita* porque, se se pode contestar-lhe a origem, não se pode refutar-lhe o conteúdo. As "mesas girantes" passaram, mas o que Kardec "extraiu" delas permanece inabalável em seus fundamentos.

Paralelamente ao trabalho sereno da divulgação espírita, os adeptos da Doutrina não devem se esquecer de que o argumento do exemplo é sempre o mais convincente. Pelos frutos se conhece a árvore – ensinou-nos Jesus.

Consideremos ainda que, sendo a expressão da Verdade, o Espiritismo caminhará naturalmente. Após o "pentecoste espírita" das mesas girantes, quando muitos se converteram às realidades da Vida Espiritual, estamos agora na fase do "despertamento" de alma por alma. O mesmo fenômeno deu-se com o Cristianismo.

É inegável que não devemos colocar a "lâmpada sob o alqueire", mas carecemos de ser comedidos, recordando que nós mesmos, os espíritas, ainda não permitimos que a luz do Consolador nos clareasse integralmente por dentro. Muitos que já aderiram ainda não consentiram...

Retomando o primeiro parágrafo destas nossas despretensiosas considerações, a fim de que não sejamos mal interpretados, queremos reafirmar que o labor da divulgação doutrinária é dos mais louváveis e deve ser incentivado ao máximo. Neste sentido, o livro, o jornal, a revista, a tribuna e a mensagem impressa em panfletos, avalizados pela força do exemplo na vivência diária, mais do que as mais retumbantes manifestações mediúnicas de caráter público, devem concentrar todos os esforços dos espíritas esclarecidos, conscientes de que somente o conhecimento da Verdade liberta o homem da ignorância em que se enclausura.

IV

SUBLIME LOUCURA

> *"É preciso, com efeito, convir que essa loucura, se loucura há, tem um caráter bem singular, que é o de atingir de preferência a classe esclarecida (...)"* (Cap. IV – Primeira Parte – item 39)

Às sensatas palavras de Allan Kardec que encimam este capítulo, acrescentaríamos o que disse Paulo em uma de suas epístolas, quando afirma que "a linguagem da cruz é loucura para aqueles que se perdem, mas para aqueles que se salvam, para nós, é poder de Deus."

Desde tempos imemoriais o contato com o Além foi considerado loucura por aqueles que não podiam compreendê-lo. A princípio respeitados, os sensitivos primitivos foram, mais tarde, catalogados à conta de pessoas nocivas à vida comunitária, mormente quando a Igreja baniu o *pneumatismo* de suas práticas.

Proibido o intercâmbio espiritual *entre os dois mundos,* os medianeiros que não conseguiam contê-lo eram considerados loucos e, não raro, as famílias os escondiam nos porões de suas casas, mantendo-os em regime de cruel cativeiro, onde pagavam o preço de seu incompreendido pioneirismo no campo das manifestações paranormais.

Não se tem a conta dos milhares de sensitivos que, na Idade Média, foram enviados às fogueiras ou eliminados das mais variadas formas pela intolerância religiosa vigente. Ainda hoje, segundo estudiosos do assunto, a Europa expia a sua falta para com esses precursores da Nova Era. Talvez seja este um dos motivos pelos quais o materialismo, semelhante a imenso polvo, prende em seus fortes tentáculos tantas mentes brilhantes, fazendo da Europa um terreno espiritualmente árido. Talvez seja ainda por isto que, "matando os profetas" que lhe eram enviados, conforme o Cristo expressou-se contra Jerusalém, o mundo europeu, e também parte da América do Norte, se sintam perdidos num labirinto de tantos e estranhos movimentos espiritualistas que, sem vínculo com o Evangelho, sobrevivem por si mesmos, mercadejando os dons espirituais e digladiando-se uns com os outros pela posse exclusiva da Verdade. Talvez seja também por isto que, faltos de médiuns que se prestem aos seus experimentos de laboratório, os estudiosos estrangeiros se aflijam na construção de "máquinas" capazes de restabelecerem a ligação com as esferas espirituais...

Vejamos agora, por outro lado, como as posições se inverteram, mostrando que o triunfo da Verdade é apenas uma questão de tempo. Quanto mais cristãos eram mortos nas arenas romanas, mais eles se multiplicavam através do sangue dos próprios mártires... Quanto mais médiuns entregues às fogueiras medievais, um número maior de sensitivos começou a aparecer em diferentes partes do globo e, hoje, para queimá-los todos teria que se atear fogo à Terra...

Mas não somente houve uma generalização da mediunidade, como conseqüência natural da evolução humana; o Espiritismo "caiu nas graças" do povo e, segundo demonstram as recentes pesquisas, uma parcela considerável da população brasileira é espírita, e uma parcela bem maior confessa-se simpatizante. E embora a Doutrina conte com uma excelente penetração em todas as classes sociais, são justamente os mais ilustrados, que antes se lhe opunham, que agora lhe abraçam os postulados, vendo nela a única explicação lógica para a Vida.

Parafraseando Paulo, se estamos loucos, certamente estamos *tomados* por uma sublime loucura que, com o Cristo, o Grande Visionário da Cruz, nos faz sonhar com o Reino de Deus sobre a face da Terra.

Que divina loucura será esta que pede ao homem para que se renove interiormente com base no "amai-vos uns aos outros"? Que excelsa loucura será a do homem que se recusa a crer na morte, pensando como pensou o inolvidável apóstolo dos gentios: "E, se não há ressurreição de mortos, também Cristo não ressuscitou.

E, se Cristo não ressuscitou, logo é vã a nossa pregação, e também é vã a vossa fé."

A mensagem de Amor do Evangelho é tão profunda e tão ousada, que até hoje, passados dois milênios, quem se disponha a vivenciá-la em plenitude, como o fez um Francisco de Assis, é considerado alienado.

Infelizmente, pelos valores que ainda prevalecem no mundo, quem se disponha a perdoar uma agressão é chamado *covarde*.

V

MOISÉS E O ESPIRITISMO

"O melhor meio de se premunir contra os inconvenientes que pode apresentar a prática do Espiritismo não é o de interditá-lo, mas o de fazê-lo compreendido." (Cap. IV – Primeira Parte – item 46.)

Nunca será demais comentar-se a proibição que o Deuteronômio estabelece sobre a comunicação com os mortos. Este simples preceito do Antigo Testamento tem criado os maiores entraves para o intercâmbio entre os dois mundos. Por causa dele, desconsidera-se toda a fenomenologia mediúnica registrada, em detalhes, nas páginas da Bíblia.

Moisés, sem dúvida, foi um dos maiores médiuns da história da Humanidade. Em permanente contato com os Espíritos, entre os quais destacava-se o próprio Cristo, o grande legislador hebreu foi intermediário dos mais significativos fenômenos de que se tem notícia, desde a recepção do Decálogo no Monte Sinai à sua própria aparição, depois da morte, no Monte Tabor, ao lado do profeta Elias, no episódio da Transfiguração.

A vida de Jesus está toda ela assinalada pela presença de fatos mediúnicos, denotando a ação do Mundo Espiritual sobre o mundo corpóreo.

Baseando-se na milenar proibição de Moisés, muitos religiosos conservadores condenam a prática mediúnica na Doutrina Espírita, ignorando, não raro por conveniência, que são os próprios Espíritos que tomam a iniciativa da comunicação. Como fazer calar a voz do Invisível?! Pode-se queimar médiuns, mas não se queimam Espíritos!...

Allan Kardec, em *O Livro dos Médiuns,* manifestou-se contrário à evocação leviana dos "mortos", chegando mesmo a desaconselhá-la. Entretanto, a Doutrina surgiu, como bem o definiu Sir Arthur Conan Doyle, de uma "invasão organizada" que os Espíritos promoveram sobre a Terra, fazendo mesas girar, dando pancadas nas paredes e no teto das casas, transportando objetos, materializando-se...

Foram eles, os Espíritos, que espontaneamente vieram acordar os homens para as realidades da Vida Espiritual.

Os fenômenos de obsessão estão aí para provar, à saciedade, que é impossível por um simples decreto demolir esta Escada de Jacob... A cada passo, Jesus se defrontava com possessos de toda espécie que eram, por assim dizer, vampirizados pelos Espíritos que agiam como "comensais" em sua vida física e psíquica.

Seguindo os passos do Dr. Bezerra de Menezes, que publicou o célebre *A Loucura Sob um Novo Prisma,* o nosso confrade recém-desencarnado, Dr. Inácio Ferreira, durante cerca de cinqüenta anos efetuou pesquisas no Sanatório Espírita de Uberaba, publicando diversas obras sobre psiquiatria e reencarnação. Isto, evidentemente, sem mencionarmos o esforço de outros grandes pioneiros na área, cujas obras permanecem inéditas para a grande maioria.

Kardec, através desse livro monumental que é *O Livro dos Médiuns,* suspendeu o véu que nos toldava a visão do Invisível e pavimentou caminhos a fim de que, através da mediunidade, nos movimentássemos com segurança.

Ao invés de hospitais psiquiátricos, as chamadas reuniões de desobsessão se multiplicaram nos grupos espíritas e o intercâmbio passou a ser controlado sem maiores problemas, com os Espíritos infelizes sendo evangelizados e com os médiuns sendo esclarecidos quanto à sua condição.

Desde que o Codificador descortinou para a Humanidade os caminhos de além-túmulo, os Espíritos não mais puderam agir tão às ocultas quanto agiam, porque foram "descobertos" em seu próprio domicílio. Tiveram que atuar de forma mais sorrateira, convictos de que, doravante, não poderiam mais contar com o anonimato que lhes garantia imunidade. Referimo-nos, é claro, aos Espíritos que se compraziam e que se comprazem nos processos de obsessão.

Os próprios medianeiros foram instruídos a respeito da problemática da sintonia, aprendendo a direcionar essa "antena" para os sinais positivos emitidos pelos Espíritos mais esclarecidos, transformando-se em canais receptores de mensagens de ordem superior.

Façamos, ao final destes apontamentos, uma consideração que julgamos oportuna: a prática do Espiritismo inclui a prática da mediunidade, mas a prática da mediunidade em si não tem nada a ver com a prática do Espiritismo, cuja finalidade precípua é reviver o Cristianismo.

VI

OBSESSÃO ESPECÍFICA

"Os Espíritos, como se vê, são, pois, seres semelhantes a nós, formando, ao nosso redor, toda uma população invisível em seu estado normal (...)" (Segunda Parte – Cap. I – item 56)

Talvez que este capítulo, pelo assunto que pretendemos desenvolver, devesse se intitular *auto-obsessão*. Comumente, o problema da *auto-obsessão* é quase desconsiderado, mesmo entre os estudiosos da questão. O que entendemos por *auto-obsessão*? É o que tentaremos explanar da forma mais simples possível.

O Espírito, ao reencarnar, dentre as muitas dificuldades que assinalam a sua personalidade como um todo, renasce com um problema específico em determinada área, como se aquele "ponto" fosse o seu ponto mais vulnerável. Para exemplificar, escolhamos o sexo, já que é justamente na área da sexualidade que se concentram os maiores conflitos humanos.

Compromissado no campo do sexo, pelas experiências equivocadas do passado, o Espírito reencarnado, ao alcançar certa faixa etária, começa a revelar as suas tendências. É como se aquela "força" em desequilíbrio, até então dormente, começasse a despertar nas intimidades do ser... De um simples pensamento invigilante passando a idéia fixa, se não combatida com veemência no nascedouro, essa idéia, qual se fosse uma "entidade imaginária", acaba tomando conta da pessoa... Até aqui não falamos em *obsessão*. Atormentado pelas inclinações que observa e reprime em si, o Espírito reencarnado, numa segunda etapa, pode, então, oferecer campo de atuação para os obsessores com os quais esteja eventualmente compromissado.

Não se pode culpar os Espíritos por tudo quanto os homens fazem no mundo. Como no intercâmbio mediúnico sadio, *o processo obsessivo requer parceria*. Dificilmente o obsessor dominaria quem não se deixasse dominar ou quem não lhe oferecesse campo no fenômeno de "enxertia psíquica".

Obsidiado pelos próprios hábitos infelizes do pretérito, que se lhe incorporaram à personalidade através da repetição, o homem se vê atormentado por si mesmo, mormente quando anseia libertar-se dos grilhões que ele forjou.

Exemplificamos com o sexo, mas poderíamos ter exemplificado com o alcoolismo, com o hábito de furtar, com a tendência quase irresistível de certas pessoas para o suicídio.

Enfoquemos, agora, a questão da *obsessão específica*. O que queremos dizer com isto? É que essas pessoas às quais nos referimos, excetuando-se a *auto-obsessão específica* que portam, levam uma vida praticamente normal, no sentido de que conseguem até ser admiradas em seu caráter, revelando, não raro, invejáveis dotes intelectuais e até morais.

Ainda exemplificando, poderemos ter uma pessoa cuja conduta na área da sexualidade não compreendemos, no entanto, no campo da benemerência social se faz credora do nosso maior respeito. Em outras pessoas de caráter nobre, ficamos sem entender o vício do alcoolismo a que se entregam, na estranha compulsão que experimentam para beber.

Pode parecer temeridade o que afirmamos, mas existem Espíritos reencarnados que, para se complicarem, não precisam do "auxílio" dos obsessores. Alguns desses espíritos chegam a possuir uma cobertura espiritual de abnegadas afeições que, respeitando-lhes o livre arbítrio, nada conseguem fazer para efetivamente auxiliá-los – assistem, melancolicamente, à ruína desses corações amados, orando a Deus para que lhes conceda novas oportunidades de reajuste no futuro.

Mas assim como Espíritos reencarnam com tendências infelizes, não podemos omitir a conquista de valores morais de tantos outros que renascem com uma inclinação natural para o bem. São aqueles que através de árdua disciplina e continuados esforços, incorporaram em si determinadas virtudes que, desde o berço, os caracterizam.

Cremos que, pelo menos em parte, nos fizemos entender.

A luta do Espírito, seja na Terra ou no Além, é sempre a mesma. O drama evolutivo de cada um é uma história de muitas lágrimas.

Dentro de cada alma, coexistem o trigo e o joio. Saibamos separá-los, começando por nós...

Não se pode condenar a laranjeira porque algumas laranjas não são boas, nem maldizer o pomar porque uma ou outra árvore nos decepciona.

Não desprezemos o medianeiro que, aos nossos olhos, se revele portador de determinadas deficiências. Ao contrário, amparemo-lo para que em si a mediunidade seja inconspurcável fonte em meio aos "detritos" que lhe margeiam o curso...

VII

NO PRINCÍPIO E AGORA TAMBÉM

"No princípio, como se ignorasse a causa do fenômeno, se havia indicado várias precauções, depois reconhecidas como absolutamente inúteis; tal é, por exemplo, a alternância dos sexos; tal é, ainda, o contato dos dedos mínimos das diferentes pessoas, de maneira a formar uma cadeia não interrompida." (Cap. II – Segunda Parte – item 62)

Não apenas no princípio mas igualmente nos tempos atuais a falta de esclarecimento de seus próprios seguidores tem sido o maior entrave à propagação da Doutrina.

Muitos confrades vêem no Espiritismo uma doutrina de "uso" pessoal e querem *tocá-la ao seu modo.* Consideram-se "donos" de centros espíritas, isolam-se dos demais grupos, criticam o movimento unificacionista e, se médiuns, não admitem qualquer tipo de "concorrência" em seu campo de trabalho.

Por incrível que pareça, existem muitos espíritas assim... Acreditam saber mais do que os Benfeitores Espirituais, sem, não raro, conhecer sequer as obras da Codificação. "Inventam" fórmulas especiais de transmitir passes, centralizando em si todas as atividades do grupo e ai de quem ouse discordar de suas opiniões.

Com as nossas observações, não desejamos criticar nenhum companheiro de ideal que, às próprias expensas, funda e mantém ativa instituição espírita, prestando imensos benefícios à comunidade. Entretanto, em Doutrina Espírita carecemos sempre de uma visão mais ampla das coisas, a fim de que não nos equivoquemos quanto aos seus objetivos.

Não é porque sejamos servidores do bem que podemos nos permitir certos desmandos, para que não corramos o risco de ceifar com uma mão o que plantamos com a outra...

Por mais façamos na caridade, seja na Terra ou no Além, estejamos convencidos de que estaremos resgatando apenas parcelas de nossos grandes débitos perante a Lei. Portanto, jamais nos sintamos justificados em nossos erros.

Conforme esclareceu o Codificador, uma reunião espírita deve ser a mais simples possível. Fórmula alguma substitui a boa intenção. Não há necessidade de preces especiais ou de quaisquer outras providências "externas"; ou seja, o que mais conta é a sinceridade de propósitos. O costume mantido por determinados grupos espíritas de se separar os homens das mulheres, destinando-lhes lugares diferentes na assembléia, é inócuo. Como sem razão de ser é também o hábito de se retirar relógio do pulso e anéis dos dedos, quando da transmissão do passe.

Escreveu Kardec no capítulo em questão que, para a manifestação física das mesas girantes, "a presença de metais, da seda nas vestes dos assistentes, os dias, as horas, a obscuridade ou a luz, etc., são tão indiferentes como a chuva ou o bom tempo." A rigor, até destampar-se a garrafa d'água a ser fluidificada é desnecessário, porque a matéria não constitui obstáculo intransponível para os Espíritos.

O apego a fórmulas e rituais numa reunião que se intitule espírita é ainda herança do paganismo e, no fundo, demonstra a predominância do "exterior" sobre o "interior" porque, a bem da verdade, é muito mais fácil, como disse o Cristo, oferecer-se a Deus "sacrifícios materiais" do que o próprio coração...

As chamadas "correntes mediúnicas" também precisam ser melhor avaliadas. Se é fato que a afinidade e a sintonia entre os médiuns de um grupo estabelecem uma "força homogênea" e direcionada no mesmo sentido, não o é a crença de que o simples ajuntamento de médiuns em torno de uma mesa possa conferir-lhe proteção, para que o trabalho se desenvolva imune ao ataque das trevas... Os médiuns podem perfeitamente ficar fisicamente distantes uns dos outros, desde que espiritualmente estejam próximos... As "correntes mediúnicas" se formam a partir dos elos dos sentimentos e não da disposição das cadeiras ocupadas pelos medianeiros.

Existem "correntes mediúnicas" que estão tão fracionadas, que são justamente elas que mais embaraçam o trabalho dos Espíritos. Não raro, simples freqüentadores de uma sessão espírita colaboram mais do que aqueles que permanecem à sua frente, com a responsabilidade da direção dos trabalhos.

Ser médium não é privilégio e dirigir uma instituição espírita é responsabilidade das mais sérias.

VIII

A PARTICIPAÇÃO DO MÉDIUM

> *"Foi então que surgiu um novo sistema segundo o qual essa inteligência não seria outra senão a do médium, do interrogante ou mesmo dos assistentes."* (Cap. III – Segunda Parte – item 69)

Em *O Livro dos Médiuns*, no capítulo das "Manifestações Inteligentes", Kardec estuda a controvertida questão da participação ou da ingerência dos médiuns nas mensagens de que se façam intérpretes.

Os adversários da Doutrina, negando a sobrevivência da alma, ou pelo menos o intercâmbio dos Espíritos com o mundo corpóreo, afirmam que toda comunicação seria de origem anímica, ou seja, fruto da própria imaginação do médium.

Pesquisas exaustivas, levadas a efeito por Allan Kardec e um sem número de outros pesquisadores, atestaram a presença do Espírito comunicante, demonstrando a independência do seu pensamento sobre o pensamento do sensitivo. Os fenômenos de *xenoglossia* foram sempre os mais inequívocos neste campo. Médiuns de pouca instrução falavam e escreviam em idiomas desconhecidos para eles, inclusive em algumas línguas e dialetos mortos. No mínimo, se não atestasse a autenticidade do intercâmbio mediúnico, o fato seria uma prova inconteste da reencarnação.

Vale ressaltar que a hipótese da "telepatia inconsciente", aventada por muitos contestadores da mediunidade, ficava igualmente afastada de vez que, dentre os presentes, nenhum se expressava, ou pelo menos conhecia rudimentos do idioma utilizado pelo Espírito.

Entretanto, o que os estudiosos precisavam e precisam entender é que o médium não é nenhuma "caixa falante" ou simplesmente uma "antena repetidora" de sinais... Se até na produção dos fenômenos físicos o "ânimo" do médium é fator de fundamental importância, o que diremos de sua participação nas comunicações inteligentes?!

No momento da incorporação ou da psicografia, o Espírito do médium não abandona o corpo ao Espírito comunicante como muita gente pensa. O contato do Espírito com o medianeiro acontece *mente-a-mente,* de sorte que o que existe entre ambos é um processo de "parceria".

Querer que o Espírito se substitua integralmente ao médium, numa passividade total, é desconhecer o mecanismo das comunicações. Se, por exemplo, nem mesmo dos "chiados" de uma transmissão telefônica o homem está livre, ou do que se dá o nome de "linhas cruzadas" (e estamos nos referindo a uma máquina que, isenta de emoções, deveria operar com toda a precisão possível), como o sensitivo poderia se anular a ponto de não "interferir" nos comunicados que, necessariamente, passam pela sua alma, num processo de "filtragem" natural?!

Da participação dos médiuns nos comunicados, com a responsabilidade inclusive de controlá-los, Paulo de Tarso falava há quase dois mil anos atrás. Na 1ª epístola que escreveu aos Coríntios, o capítulo 14 encerra um verdadeiro tratado sobre mediunidade. Vejamos alguns versículos:

"... prefiro falar na igreja cinco palavras com o meu entendimento, para instruir outros, a falar dez mil palavras em outra língua."

"No caso de alguém falar em outra língua, que não sejam mais do que dois ou quando muito três, e isto sucessivamente, e haja quem interprete."

"Os espíritos dos profetas estão sujeitos aos próprios profetas;

porque Deus não é de confusão; e, sim, de paz."

Quando, de forma inspirada, o grande apóstolo dos gentios declara que "os espíritos dos profetas estão sujeitos aos próprios profetas", ele diz que os médiuns, então chamados profetas, tinham a responsabilidade de controlar os "seus" Espíritos, para que as "profecias", ou comunicados obtidos, não fossem infrutíferos, estabelecendo a confusão entre os participantes do culto.

Quando nos referimos anteriormente ao fenômeno das "linhas cruzadas" numa ligação telefônica, não podemos deixar de aduzir que, de acordo com Kardec, os pensamentos, as emoções e os anseios das pessoas que integram uma reunião mediúnica "interferem" quase de forma decisiva na *qualidade* da mensagem transmitida. Que isto fique claro, para que tanto os médiuns quanto os estudiosos da fenomenologia espírita compreendam, de vez, que querer que não seja assim é o mesmo que desejar inverter a natureza das coisas por um simples capricho.

IX

A SERVIÇO DO CRISTO

"12. Compreendemos que os Espíritos superiores não se ocupam de coisas que estão abaixo deles; mas, perguntamos se, em razão de serem mais desmaterializados, teriam a força de fazê-lo, se tivessem disso vontade?

"Eles têm a força moral como os outros têm a força física; quando têm necessidade dessa força, servem-se daqueles que a possuem. Não vos foi dito que se servem dos Espíritos inferiores como fazeis com os carregadores?" (Cap. IV – Segunda Parte – item 74)

O trabalho da construção do Reino Divino na Terra permanece sob a orientação de Jesus Cristo, o Governador Espiritual do orbe que nos serve de moradia entre as múltiplas moradas da Casa do Pai.

Conforme Espíritos Superiores nos têm dito – também a nós, os companheiros desencarnados domiciliados nas regiões próximas ao planeta –, Jesus tomou a Terra sob a sua responsabilidade desde quando ela desprendeu-se da nebulosa solar... Foi Ele que orientou e que orienta, de Mais Alto, todas as iniciativas que objetivam o progresso da Humanidade.

Os grandes missionários, quais Rama, Buda, Lao-Tsé, Sócrates e tantos outros que, de tempos em tempos, corporificam-se no orbe terrestre, são seus enviados abrindo caminhos para a vitória do Evangelho.

Foi Ele que dialogou com Moisés em várias oportunidades e o próprio Decálogo pode ser considerado como de sua autoria. Era Ele que falava pela boca dos Profetas e foi Ele ainda que, cumprindo a promessa, providenciou a vinda do Consolador através do Espírito de Verdade.

Entre o Senhor e os homens, no entanto, existem milhares de intermediários, qual se fossem, cada um deles, os degraus de uma imensa escada, cujo ápice abençoado se encontra situado em alguma parte do firmamento estrelado...

Assim como "tudo se encadeia no Universo", até mesmo o mal concorre na obra de espiritualização das criaturas, sendo utilizado para exaltar a força do

Bem. Somos, todos, "instrumentos" de aperfeiçoamento uns dos outros, aprendendo a duras penas o que nos compete saber.

Em todos os reinos da Natureza, existem Espíritos que se responsabilizam pelos elementos que os constituem. No reino vegetal, por exemplo, verdadeiro laboratório de experimentos, há Espíritos que se entregam à criação de novas espécies de árvores, plantas, flores e frutos, promovendo, com o concurso valioso do tempo, o "cruzamento" das espécies diferentes. Vejamos que, ao lado das espécies em extinção, a Ciência está sempre descobrindo novos tipos de vida vegetal.

Este preâmbulo em nossas considerações é para afirmarmos que todos os Espíritos, de uma forma ou de outra, mesmo agindo de maneira inconsciente, estão a serviço do Cristo, qual se fossem as notas musicais de uma Excelsa Sinfonia, cuja orquestração permanece nas Mãos do Maestro Divino.

Dentro de nossas reflexões, recordemo-nos das palavras inspiradas que lhe dirigiu, em Cafarnaum, o centurião que rogava-lhe a cura de seu próprio servo: "Senhor, não sou digno de que entres em minha casa; mas apenas manda com uma palavra, e o meu rapaz será curado.

Pois também eu sou homem sujeito à autoridade, tenho soldados às minhas ordens, e digo a este:

Vai, e ele vai, e a outro: Vem, e ele vem; e ao meu servo: Faze isto, e ele o faz."

Os Espíritos, mesmo aqueles que se ocupam dos assuntos humanos mais triviais, submetendo-se ao capricho de quantos lhes evocam a presença, estão cumprindo uma tarefa da qual, na maioria das vezes, eles próprios não suspeitam. Crêem estar agindo por si mesmos, quando, na realidade, agem sob o "impulso" da Lei que rege os nossos destinos.

Quando chega o momento de que algo aconteça, tornamo-nos os "instrumentos" da ação que deve se desencadear. Lembrando o que nos disse Jesus: "... é necessário que venham escândalos; mas ai do homem por quem o escândalo venha", entendamos que o mal, se corrige quem o recebe, não deixa de voltar-se contra o seu agente, transfigurando-se em bem tanto para um quanto para outro, à luz da Lei de Ação e Reação.

Quando da Codificação da Doutrina, precedendo a Falange do Espírito de Verdade, vieram os Espíritos "batedores" que faziam as mesas girar, promovendo os mais insólitos fenômenos de natureza física. Abertas as "picadas", os Espíritos esclarecidos deram, então, início à tarefa de aplainar os caminhos, contando com o valioso concurso do mestre lionês e tantos outros que lhe secundaram os esforços.

X

CONVERSÕES SÉRIAS

"Falai ao coração, é por aí que fareis mais conversões sérias. Se credes útil, para certas pessoas, agir pelos fatos materiais, apresentai-os menos em circunstâncias tais que não possam dar lugar a nenhuma interpretação falsa e, sobretudo, não vos afasteis das condições normais desses fatos, porque os fatos apresentados em más condições fornecem argumentos aos incrédulos, em lugar de convencê-los." (Cap. V – Segunda Parte – item 98)

A mensagem de Erasto, discípulo de Paulo que Kardec inseriu no cap. V da segunda parte de *O Livro dos Médiuns,* merece acuradas considerações. Pena que aqui, a fim de não fugirmos ao objetivo a que nos propomos, não possamos examinar-lhe mais do que o trecho que transcrevemos acima.

O tema “conversões sérias” enseja-nos algumas reflexões. O espírita, seja ou não médium atuante, não deve preocupar-se com a adesão de “pessoas importantes” ao Espiritismo, tratando-as com uma deferência que não dedicam às pessoas de menor projeção social; não deve fazer a essas pessoas de destaque concessões que habitualmente não faz aos mais simples...

Numa reunião espírita todos os participantes devem merecer o mesmo tratamento e ter as mesmas oportunidades de acesso a essa ou aquela atividade.

Outrora, as portas de quase todos os templos religiosos escancaravam-se para receber os que pudessem doar mais, concedendo-lhes privilégios e títulos honoríficos. Sabemos, infelizmente, no que isto veio a dar. Muitos “santos” canonizados pela Igreja compraram a peso de ouro a auréola de santidade que ostentam na Terra, nos altares de pedra...

O princípio de autoridade deve ser respeitado, mas respeito não é bajulação e servilismo.

É preciso que todos compreendam que o Espiritismo é uma doutrina séria que se interessa por adeptos sérios, que queiram ser respeitados pelos seus dotes morais e não pela posição que transitoriamente ocupam.

Meditemos no exemplo do Cristo espalhando a mensagem da Boa Nova entre os pescadores, os marginalizados e as prostitutas que, segundo ele, haveriam de preceder muita "gente boa" no Reino dos Céus...

Foi com os chamados "pobres de Espírito" que Jesus triunfou com o Evangelho. Só pouco a pouco, as inteligências mais cultas, como Gamaliel e Paulo de Tarso, foram se rendendo às evidências. Os que testemunharam a fé cristã nos circos romanos eram gente simples do povo... Os maiores discípulos do Cristianismo saíram do mais completo anonimato.

Quando o Espiritismo surgiu em França, foram os operários os que primeiro tiveram sensibilidade para abraçá-lo. Os principais médiuns que assessoraram Kardec na obra gigantesca da Codificação eram procedentes de famílias humildes.

"Falai ao coração...", concita-nos Erasto. O sofrimento tem sido o maior instrumento de conversão dos homens à Doutrina, porque, em sua feição consoladora, somente ela satisfaz, ao mesmo tempo, aos anseios do coração e às exigências da razão.

Embora possa haver boa intenção, é inútil que companheiros de ideal queiram "ganhar" adeptos importantes, conduzindo-os a reuniões especiais com o intuito de convencê-los; essas reuniões especiais "arranjadas", não raro, acabam funcionando de forma negativa, porque desejosos de "mostrar serviço" os médiuns perdem a espontaneidade tão necessária à produção dos fenômenos mais sérios.

Outra coisa: as pessoas, embora estimem ser tratadas à altura da dignidade dos títulos e posições que ocupam, possuem um sentimento de justiça que lhes é inato e não aprovam que outros sejam preteridos por sua causa...

Só se converte realmente quem se transforma, e só se transforma quem verdadeiramente foi "tocado" no íntimo, aceitando, de iniciativa própria, o Cristo no coração.

Ainda em sua mensagem, afirma Erasto: "Quanto aos incrédulos, e aos sábios piores do que os incrédulos, não vou procurar convencê-los, não me ocupo deles; serão, um dia, convencidos pela força da evidência..."

Que os médiuns se acautelem, portanto, dando de graça a todos, em parcelas iguais, o que todos de graça, em iguais parcelas, têm recebido de Deus.

XI

CONVERSAÇÕES TELEPÁTICAS

"11. Aquele a quem um Espírito aparece, poderia iniciar uma conversação com ele?

Perfeitamente, e é mesmo o que se deve sempre fazer em semelhante caso, perguntando ao Espírito quem é, o que deseja e o que se pode fazer para ser-lhe útil. Se o Espírito é infeliz e sofredor, a comiseração que se lhe testemunha o alivia; se é um Espírito benévolo, pode vir com a intenção de dar bons conselhos." (Cap. VI – item 100)

Nem sempre os Espíritos conseguem aparecer de forma tangível aos olhos dos homens. Este tipo de aparição é mesmo muito raro e, para acontecer, necessita de certas condições difíceis de reunir.

Provocar uma aparição e sustentá-la por alguns minutos não é fácil; caso contrário, contam-se aos milhares os Espíritos que desejariam se mostrar aos encarnados, buscando despertá-los para as realidades da vida além-túmulo.

Seria mesmo um verdadeiro caos se os Espíritos pudessem aparecer aos homens à sua vontade; ao invés de um intercâmbio, teríamos uma "guerra" entre os dois mundos...

Entretanto, se os desencarnados não conseguem tangibilizar-se diante dos homens com a freqüência desejada, nada os impede de, mentalmente, influenciá-los de forma constante; se não logram aparecer com a sua forma delineada, a ponto de serem identificados por seus traços característicos, podem entabular longas conversações telepáticas com as pessoas, revelando quem são, como são e quais as suas intenções.

Para que o fenômeno dos diálogos telepáticos entre encarnados e desencarnados aconteça, alguns pontos devem ser observados. Em primeiro lugar, é preciso que haja uma *sintonia alicerçada na confiança*. Basta que a pessoa creia ser vítima de uma alucinação para que a conversação mental entabulada seja interrompida.

Como devemos desenvolver o costume de "escutar" os próprios pensamentos e, para tanto, o *silêncio interior* se torna indispensável, podemos e devemos, sem disto fazer um hábito pernicioso para nós e para os outros, tentar "ouvir" os Espíritos que, domiciliados nas diferentes dimensões da Vida, procuram entrar em contato conosco.

A *tentação,* a que o Cristo se referiu, nada mais é do que um assédio de pensamentos infelizes, nos ataques que nos são desferidos pelos nossos desafetos em nossas próprias fraquezas.

Por que, em contrapartida, se assim podemos nos expressar, não podemos sofrer a "tentação do bem", ou seja, a influência salutar das idéias de quantos se interessam pelo nosso progresso espiritual?!

Os Espíritos "conversam" com os homens muito mais do que se crê. É indispensável que as pessoas se tornem conscientes disto, a fim de não se transformarem tanto em joguetes da influenciação espiritual que, por estratégia, deseja manter-se no anonimato...

Para se "ouvir" os Espíritos com proveito, o momento da *oração* é, sem dúvida, o mais indicado, pois a prece sincera atrai a presença dos que se interessam mais particularmente pela felicidade daqueles que assistem.

Além da *sintonia alicerçada na confiança* e da *oração,* o que deseja entabular diálogos com o Mundo Invisível carece de possuir *discernimento,* a fim de que saiba separar o joio do trigo... Como nos adverte João em sua 1ª epístola: "Meus bem-amados, não acrediteis em todos os Espíritos, mas experimentai se os Espíritos são de Deus..." Também na Erraticidade existem muitos lobos com pele de ovelhas...

Tudo precisa ser submetido ao *crivo da razão,* porque os Espíritos engenhosos na arte de enganar, podem, inclusive, transfigurar-se nas pessoas que amamos. Escrevendo aos Coríntios, em sua 2ª epístola, Paulo fala com clareza que "o próprio Satanás se transforma em anjo de luz."

Num quinto procedimento, aconselharíamos aos interessados nas conversações mentais com o Além, a *vigilância.* Ante a aparição telepática de um Espírito, os médiuns não devem ainda desconsiderar a *vibração* de que esse mesmo Espírito seja portador; porque, se pode ocultar seus reais propósitos, ninguém consegue transmitir paz carregando ódio no coração... A *vibração* de um Espírito amigo é sempre agradável e proporciona segurança, ao passo que a emitida por um mal intencionado é das mais pesadas e desconfortantes.

XII

PSICOFONIA E TRANSFIGURAÇÃO

"Uma jovem de uns quinze anos desfrutava da singular faculdade de se transfigurar, quer dizer, a de tomar, em certos momentos dados, todas as aparências de certas pessoas mortas (...)" (Cap. VII – Segunda Parte – item 122)

De todas as faculdades medianímicas, a que mais se presta ao fenômeno da transfiguração é, sem dúvida, a de psicofonia, ou incorporação. Não estamos nos referindo à transfiguração anímica, qual a que ocorreu com o próprio Cristo no Monte Tabor. Referimo-nos a verdadeira "metamorfose" por que passa o corpo do médium psicofônico, quando mergulhado em transe profundo.

A faculdade de transfiguração, entretanto, é rara; rara porque há necessidade que o Espírito como que "domine" o medianeiro, sobrepondo-se ao seu corpo espiritual ou, então, quase que num processo de hipnose, o induza a assumir a sua própria forma. Não é fácil traduzir isto em palavras.

A *licantropia* não pode ser considerada uma transfiguração mediúnica genuína. Os Espíritos quando assumem determinada forma por ação da própria vontade, ou da vontade de terceiros, estão sob um processo de *sugestão anímica;* não importa que seja uma forma sublime, a de uma *estrela* por exemplo, ou de ordem inferior...

Se levarmos em conta que o fato é autêntico, quando Jesus foi batizado às margens do Rio Jordão, o Espírito Santo que desceu sobre Ele transfigurou-se numa *pomba,* símbolo da pureza e da candura; na festa de Pentecostes, os Espíritos que mediunizaram os apóstolos transfiguraram-se em *flamas,* levando-os a falar em diversos idiomas...

Quando em êxtase na prece, inúmeros místicos transfiguravam-se, tornando suas faces resplandecentes...

Mas a transfiguração mediúnica propriamente dita, com alteração do timbre de voz do medianeiro, gestos, fisionomia e, às vezes, até do volume e tamanho do corpo, é, de fato, um fenômeno impressionante raramente observável.

No exemplo da jovem referido por Kardec, ele acrescenta que um médico "teve a idéia de pesar a moça no seu estado normal, depois no estado de transfiguração, quando tinha a aparência de seu irmão de vinte e poucos anos de idade, que era maior e mais forte. Pois bem! Ele constatou que neste último estado o peso era quase o dobro."

A transfiguração mediúnica pode ser parcial ou total, dependendo da maleabilidade do médium e da força de indução hipnótica do Espírito manifestante.

Com a preocupação de não nos perdermos em detalhes e sem a pretensão de esgotarmos o assunto, dizemos ainda que, em alguns casos, o fenômeno de transfiguração está associado ao de materialização. Explicamo-nos. O Espírito, principalmente sobre a face do médium, pode opor uma "máscara ectoplásmica" que lhe retrate o próprio rosto e, sobre o órgão fonador do medianeiro, pode construir uma "garganta ectoplásmica" que lhe permita comunicar-se quase que por voz direta.

Os médiuns psicofônicos não devem se preocupar com o fenômeno da transfiguração mediúnica;

ele não é indício de faculdade mais desenvolvida – tanto é assim que os mais patentes casos de transfiguração são encontrados nos processos obsessivos de longo curso, quando a vontade dos obsidiados encontra-se completamente a mercê da vontade dos Espíritos obsessores.

A transfiguração mediúnica deve ocorrer naturalmente, e ocorre quando tem uma razão de ser para que ocorra.

A mudança de timbre de voz numa comunicação é até um fato corriqueiro, embora, a rigor, isto não tenha uma importância maior do que a mensagem em si; é como a mudança de caligrafia numa comunicação escrita que não deve significar mais do que o seu conteúdo, porque é através do seu pensamento que identificamos a natureza do Espírito comunicante.

Timbres de voz e tipos de letra podem ser imitados, mas o plágio das idéias e, sobretudo, de emoções, é muito mais difícil.

Transfigurar as próprias almas para o Bem e para a Verdade, eis o fenômeno sublime a que todos os medianeiros devem se consagrar à luz do Evangelho, redivivo na Doutrina Espírita.

XIII

OS LUGARES ASSOMBRADOS

"10. Os lugares assombrados o são sempre por antigos habitantes dessas residências?

Algumas vezes, mas nem sempre, porque se o antigo habitante é um Espírito elevado, não se ligará mais à sua morada terrestre que ao seu corpo. Os Espíritos que assombram certos lugares, freqüentemente, não têm outro motivo que o capricho, a menos que sejam para aí atraídos pela sua simpatia por certas pessoas." (Cap. IX – Segunda Parte – item 132)

Quase às portas do Terceiro Milênio, os chamados "lugares assombrados" pelas "almas penadas" ainda existem na Terra, demonstrando que, apesar de todo o avanço da inteligência, o primitivismo espiritual é ainda uma realidade inconteste, seja no mundo físico ou nos círculos espirituais imediatamente próximos a ele.

Espíritos aguilhoados pelo remorso, pelo desejo de vingança ou mentalmente presos às posses que foram constrangidos a deixar pela morte, permanecem, às vezes séculos, acorrentados às paixões das quais não conseguem se libertar.

Temendo seguir caminho além do túmulo, muitos, receosos de enfrentar a si mesmos, preferem permanecer à retaguarda, como aves que se recusam a abandonar o próprio ninho...

Quando vêem os objetos que lhes pertenceram passar a mãos estranhas, ou quando assistem, contrafeitos, à demolição de suas antigas propriedades, procuram intervir manejando os recursos de que possam dispor... Atiram pedras, provocam estranhos ruídos, arrastam correntes, fazem levitar objetos, chamam pelo nome das pessoas, ateiam fogo a roupas e móveis, choram, acendem e apagam as luzes de forma intermitente...

Para que ajam de maneira tão ostensiva, evidentemente carecem de contar com o concurso de um médium que, quase sempre, reside no próprio local onde os fenômenos acontecem, ou nas circunvizinhanças.

Quando essa avalanche de fenômenos físicos acontece num determinado lugar, qualquer fórmula de exorcismo é inoperante, porque os Espíritos, em sua grande maioria, não se deixam influenciar por fórmulas e rituais. Dizemos *em sua grande maioria* porque, de fato, existem aqueles que também por aqui se conservam supersticiosos; daí o sucesso isolado de um ou outro caso de exorcismo, não desconsiderando, é claro, a autoridade moral do exorcista que, em última análise, é o que verdadeiramente exerce influência sobre os Espíritos.

Normalmente, porém, com os fenômenos que provocam, os Espíritos nada mais querem do que chamar a atenção sobre si... Se não se der ao caso maior importância que o caso merece, em breve tempo os fenômenos cessam por si mesmos. Assim ignorados, os Espíritos se retiram para outros lugares, mais predispostos a aceitar a própria condição de desencarnados e o amparo dos Benfeitores que permanecem na expectativa de auxiliá-los.

Espíritos vagando dentro de casa, "sombras" que se percebem nos quartos de dormir, vultos que se aproximam do leito, não devem atemorizar ninguém. Quase sempre é um familiar desencarnado ou um amigo necessitado de paz e de oração, quando não seja portador de uma mensagem de esperança em dias melhores.

Não há necessidade que se encomende nenhum "trabalho" especial para afastar os Espíritos, cuja presença esteja causando algum transtorno, seja no apartamento da grande cidade ou na fazenda do interior... Não há, neste sentido, o que a prece sincera não possa resolver porque, a prece, além de tranqüilizar e fortalecer quem a profere e de sensibilizar o Espírito por quem se ora, atrai a presença dos Benfeitores Espirituais que se encarregam de solucionar o problema.

Pode ser também que o fenômeno esteja, como diz Kardec, sendo provocado por Espíritos simpáticos às pessoas envolvidas, desejosos de encaminhá-las à fé, de alertá-las na iminência de um perigo ou de adverti-las por um erro cometido.

Enfim, não se deve temer os Espíritos mais do que se deve temer os homens. Por mais se esforcem, a ação dos Espíritos sobre a matéria é sempre limitada. Os obsessores mais implacáveis procuram o domínio mental de suas vítimas, agindo de forma sub-reptícia, e não consideram boa tática à colimação de seus infelizes propósitos revelarem a sua presença por fenômenos que despertem a atenção.

XIV

MÉDIUNS SEM QUE O SAIBAM

"Os médiuns involuntários ou naturais *são aqueles cuja influência se exerce com o seu desconhecimento. Não têm nenhuma consciência do seu poder e, freqüentemente, o que se passa de anormal ao seu redor não lhes parece em nada extraordinário (...)*" (Cap. XIV – Segunda Parte – item 161)

Desde tempos imemoriais o intercâmbio entre os *dois planos da Vida* é uma realidade.

Os homens primitivos desencarnados não conseguiam se ausentar das cavernas em que viviam, à espera de uma nova oportunidade de serem reconduzidos ao corpo físico. Na base de todas as civilizações vamos encontrar a presença do mediunismo. Os indígenas ainda hoje crêem na influência dos Espíritos; trazidos para o Brasil em regime de cativeiro, os africanos nos legaram um patrimônio místico extraordinário nas diversas ramificações de suas crenças espirituais.

Os persas afirmavam que os Espíritos habitavam as florestas e as montanhas; os hindus possuíam um panteão de milhares e milhares de deuses representando as forças da Natureza; os egípcios, com suas doutrinas iniciáticas, intercambiavam com os mortos no silêncio dos templos e das pirâmides; na Grécia, Tales de Mileto ensinava que todas as coisas estavam repletas de "deuses"...

Nenhum homem sobre a face da Terra vive isolado do Mundo Espiritual, creia ou não creia na sobrevivência da alma após a morte.

De certa forma, todos, encarnados e desencarnados, somos *interexistentes,* de vez que a faculdade relacional da mediunidade nos predispõe ao contato, consciente ou inconsciente, com as diferentes dimensões da Vida.

Influenciamos e somos influenciados.

Os *dois mundos,* por assim dizer, se interpenetram sem, no entanto, se tocarem. Interagindo-se mutuamente, o progresso de um está obrigatoriamente vinculado ao progresso de outro.

Em vão, o homem tenta ilhar-se psiquicamente ante o Invisível. A fronteira que separa os Dois Lados, na verdade, inexiste!

Todos os homens são, portanto, médiuns. A diferença é que uns sabem disto e o admitem e outros relutam em aceitar a realidade histórica dos fatos, certamente querendo se eximir de responsabilidades maiores.

Os que são *médiuns sem saber que o são* acabam por se transformar em *instrumentos cegos* do Mundo Espiritual; tanto servem aos seus propósitos mais nobres quanto aos menos dignos...

Atraindo, naturalmente, os Espíritos com os quais se afinizam, tanto cooperam no bem da Humanidade, quanto, a exemplo de um Átila ou um Hitler, servem às falanges espirituais que se opõem à paz que o Cristo trouxe ao mundo.

Quantos crimes, na atualidade, estarrecem a opinião pública?! Quantos homens, até então pacíficos, transformam-se de repente em grandes criminosos?! Quantos, dizendo-se agir em nome de Satanás, saem atirando a esmo na multidão, como se tomados por um estranho acesso de loucura?!...

O conhecimento da mediunidade é, sem dúvida, um preventivo eficaz contra a obsessão.

A partir do momento em que admite a influência perniciosa do Mundo Espiritual, o homem já começa a criar *obstáculos mentais* à sua livre atuação, resistindo ao assédio das tentações; deixa de ser um joguete nas mãos dos Espíritos inescrupulosos e, conseqüentemente, procura sintonia com os de uma ordem mais elevada...

Os que são *médiuns sem saber que o são,* envolvidos pelos Espíritos infelizes em suas crises de cólera, cometem os mais absurdos desatinos, chegando a chocar a opinião pública que fica sem explicação para o funesto acontecimento que protagonizam. E a facilidade com que esses companheiros da mediunidade involuntária se deixam dominar é espantosa; se procurassem educar a força medianímica de que são portadores, realizariam prodígios extraordinários em prol da coletividade...

Assim como a terra é a "médium" da semente na produção do fruto e assim como o fogo é o "médium" da argila na produção da porcelana, todos os homens e todos os Espíritos são médiuns entre si, comunicando-se uns com os outros de forma ininterrupta.

Querer ignorar o fenômeno da inspiração que envolve os homens, inclinando-os ao bem ou ao mal, é o mesmo que tentar ignorar a brisa que chega, de manso, das campinas ou o vendaval que sopra, de rijo, provocando destruição por onde passa.

Conscientizar os que são *médiuns sem saber que o são,* é uma das finalidades precípuas do Espiritismo; cumpra ele esta sublime tarefa e já terá dito ao que veio sobre a Terra!...

XV

MÉDIUNS FACULTATIVOS

> *"(...) é preciso fazer o sujeito passar do estado de* médium natural *para o de* médium facultativo. *(...) Para esse efeito, em lugar de entravar os fenômenos, o que se consegue raramente e o que não é sempre sem perigo, é preciso excitar o médium a produzi-los à sua vontade, impondo-se sobre o Espírito."* (Cap. XIV – Segunda Parte – item 162)

Feliz de quem abraça a mediunidade de forma consciente e responsável, consagrando-se ao seu ministério com devotamento e sinceridade!

Para os que a ela se dedicam com amor, a mediunidade é uma abençoada oportunidade de ascensão espiritual, resgatando débitos do pretérito e aprofundando-se no conhecimento superior da Vida.

Os médiuns, por maiores sejam os obstáculos que enfrentem, não devem, em hipótese alguma e sob nenhum pretexto, considerar penoso ou sacrificial o exercício da mediunidade.

O que diríamos do lavrador que maldissesse a enxada com que cultiva a gleba que lhe garantirá o pão?!

Para os medianeiros, o momento do intercâmbio com o Invisível, seja no contato com os Espíritos Amigos ou no serviço de enfermagem espiritual junto aos Espíritos sofredores, deve ser de alegria, procurando valorizar cada minuto em que lhes seja possível permutar experiências.

Observamos médiuns que, infelizmente, encaram a mediunidade como um fardo a lhes pesar sobre os ombros, e talvez, se não temessem o próprio desequilíbrio, teriam já abandonado a charrua do serviço...

Outros companheiros da mediunidade não se dedicam a nenhum outro tipo de tarefa nos grupos espíritas a que se vinculam, permanecendo indiferentes às demais atividades doutrinárias da Casa; aparecem uma vez por semana, na hora da reunião mediúnica, e depois se ausentam... Longe de criticá-los, esses irmãos foram, digamos, "abraçados" pela mediunidade, mas ainda não se decidiram a "abraçá-la"... Para eles, o centro espírita é apenas uma espécie de hospital onde, semanalmente, às vezes a contragosto, vão receber tratamento...

Esses medianeiros, com os quais o Mundo Espiritual não pode contar como necessários, lamentarão mais tarde o tempo que furtaram a si mesmos, deixando de multiplicar os *talentos* que lhes foram confiados.

O aperfeiçoamento da mediunidade exige perseverança, interesse, disciplina, estudo, amor e paciência. Muitos médiuns querem começar do ponto onde muitos estão, digamos, "terminando"... Afoitos, ignoram que o tempo é indispensável ao êxito de qualquer empreendimento, mormente para os de ordem espiritual. Os Espíritos Benfeitores secundam os esforços sérios e sabem identificar aqueles que têm apenas uma aparência de devotamento.

De quantos anos necessitará um músico para se tornar um exímio pianista?! Quantas vezes deverá ensaiar um ator, decorando o texto, para obter boa *performance* numa peça teatral?! Quantos cursos fará um médico, a fim de que se especialize em determinada área, habilitando-se ao exercício da profissão?!...

O grande equívoco dos médiuns é deixar todo o trabalho por conta dos Espíritos! Raros são os medianeiros que procuram "especializar-se" em seus dotes medianímicos naturais, buscando facilitar o trabalho que os Espíritos desejam desenvolver por seu intermédio. Pela sua importância, trataremos deste assunto num capítulo à parte.

Contassem os Espíritos Benfeitores com a boa vontade dos médiuns e com um pouco mais do seu precioso tempo e, certamente, conseguiriam produzir muito mais do que produzem, dando à Doutrina um impulso maior. Entretanto, por agora, nós, os Espíritos bem intencionados, temos que sujeitar o nosso tempo ao tempo que os nossos irmãos médiuns podem nos dedicar; não estamos nos queixando – porque reconhecemos as dificuldades de sobrevivência sobre a Terra no apagar das luzes deste milênio, entretanto esta é a lamentável realidade. É justamente por isto que muitos Espíritos de célebres literatos não escrevem para o mundo; falta-lhes a paciência necessária para encontrar e para "fazer" um médium – processo que lhes parece moroso demais... Por "fazer" um médium, estamos nos referindo ao preparo que o Espírito carece de submeter e de submeter-se junto do médium, a fim de que realmente produza algo de proveitoso em termos de literatura.

Seja, portanto, qual for o tipo de mediunidade a que te consagres, abraça-a com respeito e carinho, agradecendo a Deus por te encontrares trilhando esta estrada de luz, distante dos tantos atalhos que te conduziriam a tenebrosos precipícios...

XVI

MÉDIUNS INSPIRADOS

"Toda pessoa que recebe, seja no estado normal, seja no estado de êxtase, pelo pensamento, comunicações estranhas às suas idéias preconcebidas, pode ser incluída na categoria dos médiuns inspirados (...)" (Cap. XV - Segunda Parte - item 182)

A inspiração está, por assim dizer, na base de todo ato mediúnico de caráter intelectual.

O médium inspirado pode ter ou não ter consciência do fenômeno que se encontra intermediando.

A inspiração precede a intuição.

A intuição provoca um envolvimento mais profundo do que a inspiração; é como se fosse um lampejo súbito, uma idéia que brotasse de forma espontânea e inesperada...

A inspiração, segundo bem colocou Kardec, é um envolvimento suave, quando "a intervenção de uma potência oculta é ainda bem menos sensível, porque, nos inspirados, é ainda mais difícil distinguir o pensamento próprio do que é sugerido."

Os médiuns inspirados quase sempre são arrebatados por idéias e emoções que os sensibilizam de maneira singular; se são oradores, tomados por inflamada eloqüência, emocionam platéias imensas que se sentem tocadas pelo magnetismo do seu verbo...

Quase todo artista é um médium inspirado por excelência.

Os músicos que compõem ou executam os seus instrumentos, os atores em cena no palco de um teatro, os pintores que retratam na tela os quadros que imaginam, os poetas e os cantores, os literatos que se viram, inesperadamente, iluminados por um "filão" de idéias inéditas no tema que se propõem desenvolver, os pesquisadores que no silêncio dos laboratórios, aparentemente ao "acaso", descortinam novos caminhos à Ciência; as mães e os pais que aconselham os filhos em determinadas atitudes que, incompreensíveis no momento, acabam por evitar-lhes sérias complicações; o amigo que toca num determinado assunto com outro, sem suspeitar que, não raro, está sendo utilizado como "instrumento" para esclarecê-lo acerca dos problemas que lhe são desconhecidos... Todos os homens enfim, podem ser médiuns inspirados nas atividades a que se consagram.

Os Espíritos buscam aproximar-se daqueles que executam no mundo o trabalho que eles próprios executavam, quando encarnados. Assim é que um cirurgião desencarnado, por exemplo, procurará, quando lhe for permitido, aproximar-se de um outro e auxiliá-lo em sua tarefa na Terra, transmitindo-lhe os seus conhecimentos e adquirindo novas experiências.

A morte, ao contrário do que parece, amplia a solidariedade entre os homens, porque o que não se fez na condição de Espírito encarnado, deve-se fazer na condição de desencarnado. Esta é a Lei do Progresso.

Kardec ainda recomenda em *O Livro dos Médiuns* que, diante de um impasse, devemos recorrer à inspiração de nossos Protetores Espirituais que, das diferentes dimensões da Vida, nos acompanham os passos. As palavras inspiradas do Codificador nos sugerem: "Que se o invoque, pois, com *fervor* e *confiança*, em caso de necessidade e com muita freqüência; ficar-se-á espantado com as idéias que surgirão como por encantamento, seja que se tenha um partido a tomar, seja que se tenha alguma coisa a compor. *Se nenhuma idéia vier, é que é preciso esperar.*" (o grifo é nosso)

Deduzimos que, de fato, a *inspiração* pode também ser *provocada* ou *solicitada* através da *prece*. A oração sincera nunca fica sem resposta. Como aconselha Kardec, *se nenhuma idéia nos vem,* precisamos esperar porque, não raro, *os Espíritos também necessitam de tempo para darnos determinadas respostas.*

Que se evite, portanto, a precipitação e que se tenha, sobretudo, certeza de que a inspiração que lhe está sendo dada parte dos Espíritos Amigos, e não dos levianos que vivem à espreita de uma invigilância para se insinuarem de forma negativa.

Se alguma idéia te surge aparentemente do nada, submeta-a ao crivo da razão, observando se a sua concretização será para o bem de todos, e não apenas para o teu próprio. Ainda prevalecendo-nos da sublime inspiração de Kardec, "na dúvida, abstém-te": ou seja, se duvidas da originalidade benéfica de uma idéia, não te afoites em colocá-la em prática; deixa o tempo correr e, sempre no clima da oração, certifica-te de que a inspiração recebida provém das fontes do Mais Alto.

XVII

FLEXIBILIDADE MEDIÚNICA

> *"Ocorre o mesmo com respeito aos médiuns: com qualidades iguais na potência medianímica, o Espírito dará preferência a um ou a outro, segundo o gênero de comunicações que quer dar."* (Cap. XVI – Segunda Parte – item 185)

Existem médiuns que se angustiam porque, por exemplo, não conseguem ser médiuns de obras romanceadas; outros gostariam que não fosse assim, mas apenas obtêm comunicações de caráter prolixo e sentido impreciso...

A chamada flexibilidade mediúnica está diretamente relacionada com o estilo do próprio medianeiro, com o seu tipo de vocabulário, com a sua tendência literária, enfim, com a sua formação cultural.

Embora os Espíritos possam escrever poesia através de um médium que nunca compôs um verso, a lógica ensina que eles dão preferência a quem tenha facilidade neste campo.

Existem médiuns que desejariam ser intérpretes das chamadas "cartas familiares de além-túmulo", entretanto não revelam qualquer predisposição íntima para tal procedimento.

Paulo de Tarso, em sua 1ª epístola aos Coríntios, já anteriormente citada por nós, considerava que "os dons são diversos, mas o Espírito é o mesmo.

E também há diversidade nos serviços, mas o Senhor é o mesmo.

(...) A manifestação do Espírito é concedida a cada um, visando a um fim proveitoso."

Cada tipo de mediunidade cumpre com uma finalidade de suma importância no contexto geral do intercâmbio com o Invisível.

Existem Espíritos para todas as espécies de médiuns, e vice-versa.

Com propósito de aperfeiçoar-se, a Medicina do mundo subdivide-se em "*n*" especialidades; nenhum médico é menos importante do que outro para a saúde do paciente, porque todos os órgãos coexistem em equilíbrio. Tratar de uma infecção ocular é tão indispensável quanto combater a hipertensão arterial.

Assim como, depois de formados, os médicos procuram aprofundar os seus estudos na especialização, os médiuns, uma vez identificada a sua "tendência mediúnica", devem se concentrar sobre ela, buscando desenvolvê-la ao ponto que lhe seja possível.

Médiuns existem que serão excelentes "passistas", mas talvez limitados oradores; outros talvez sejam bons oradores, mas deixarão a desejar como psicógrafos...

Neste capítulo, ainda carecemos de considerar as importantes palavras de Kardec: "Fora das causas de aptidão, os Espíritos se comunicam ainda mais ou menos voluntariamente por tal ou tal intermediário, segundo suas simpatias; assim, em condições iguais, o mesmo Espírito será sempre mais explícito com certos médiuns, unicamente porque melhor lhe convém."

Às vezes, sobre determinado assunto, o mesmo Espírito, dependendo do seu grau de simpatia entre dois ou mais médiuns, pode expressar-se de forma diferente, dizendo a um o que não confia dizer a outro. Este é um aspecto de suma relevância no estudo da mediunidade.

Por exemplo, se entre nós, eu e o médium de que me valho neste trabalho, não houvesse um clima de confiança recíproca, o bom senso me levaria a não abordar determinados temas porque, inclusive, poderia vir a prejudicá-lo; mas como percebo a sua boa intenção em servir aos propósitos da Doutrina Espírita, escrevo sem maiores preocupações. Isto pode vir a não ser sempre assim, porque os Espíritos sérios – e tenho me esforçado para ser um deles, se afastam dos médiuns que perdem a seriedade.

Em meu caso específico, que sempre fui um aficionado do estudo da mediunidade, encontrei neste companheiro o mesmo gosto pelo assunto, permitindo-nos desenvolver o tema em que buscamos nos "especializar", embora nos reconheçamos seus meros aprendizes; e tanto é assim que temos constantemente aberto sob as nossas vistas *O Livro dos Médiuns*, que consultamos em conjunto sempre que necessário...

Se nem todo medianeiro se presta a exercer todos os tipos de mediunidade, nem todos os Espíritos se revelam aptos ao manejo de todas as espécies de mediunidade, porque entre nós, os desencarnados, também existe a "especialização". Um Espírito pintor, por exemplo, carecerá de encontrar um médium com semelhante predisposição mediúnica.

Para o Espírito, se assim podemos nos expressar, o médium ideal é sempre um "achado" que, enquanto pode, ele procura preservar em nome do Senhor.

XVIII

MÉDIUNS PROFÉTICOS

"Se há verdadeiros profetas, mais ainda os há falsos, e que tomam os sonhos de sua imaginação por revelações, quando não são velhacos que, por ambição, se fazem passar como tais." (Cap. XVI – Segunda Parte – item 190)

Como o tempo das mesas girantes, o tempo das profecias já passou na Doutrina Espírita. No princípio, para impressionar, advertir e, sobretudo, para dar às pessoas convicção sobre a realidade da Vida Espiritual, surgiam, como nos tempos apostólicos, médiuns que faziam predições acerca do futuro... Eram, em sua maioria, homens sem nenhuma instrução que viviam nas fazendas e nas pequenas cidades do interior. Quase sempre, desapareciam da mesma maneira que surgiam... Eram tidos por loucos e raros lhes prestavam ouvidos... Anunciavam acontecimentos que, no geral, acabavam se concretizando; dirigiam-se a determinadas pessoas, falando-lhes de forma impressionante a respeito do futuro... Mediunizados, faziam recordar os profetas das páginas do Antigo Testamento, quando profetizavam a vinda do Messias como, por exemplo, podemos ler no capítulo 53 do livro de Isaías.

Afora os profetas bíblicos, sem dúvida um dos mais ilustres entre os médiuns proféticos foi Michel de Nostradamus. Arrebatado por suas visões apocalípticas, escreveu as suas célebres centúrias que vêm se cumprindo ao longo do tempo. Talvez a reencarnação de um dos profetas bíblicos, Nostradamus, como João no "Apocalipse", tenha sido inspirado pelas Esferas Superiores, sintonizando-se com os Espíritos que possuem a presciência do futuro. A margem de acertos das profecias realizadas por ele é, de fato, notável.

O médium profético, raro hoje em dia, porque o porvir da Humanidade é evidente para os que raciocinam, é um médium facilmente manobrado pelos Espíritos pseudo-sábios e levianos que, num delírio de grandeza espiritual, imaginam deter o conhecimento do futuro quando, na realidade, mal saberiam prever a própria sorte. É muito comum que esse médium queira revelar as reencarnações futuras das pessoas, como se Deus lhes tivesse concedido esse conhecimento.

Normalmente, o médium profético é um médium sem maiores esclarecimentos doutrinários porque, caso contrário, saberia que os Espíritos Superiores não se entregam a esse tipo de prática mediúnica com a freqüência que se pode observá-la no mundo.

Quase sempre, as ditas profecias aparecem nas vésperas das grandes transformações pelas quais deve passar a Humanidade. Neste ocaso de milênio, elas haverão de se multiplicar pela própria predisposição mental das pessoas na expectativa de que algo aconteça de extraordinário para que as coisas se modifiquem.

Qualquer mensagem de tom profético, seja ditada pelo Espírito que for e venha através do médium de maior respeitabilidade possível, deve ser analisada criteriosamente, mesmo porque as profecias, como podemos constatar no livro de Jonas, não são infalíveis.

Os médiuns proféticos agem por inspiração, por pressentimento, pela chamada dupla vista e por mais algumas espécies de manifestações medianímicas que se confundem umas com as outras, não nos sendo possível caracterizá-las com exatidão; podem, inclusive, agir através dos sonhos, como é o caso típico de D. João Bosco, que anteviu a capital do Brasil tornando-se realidade no Planalto Central...

De uma maneira geral, quando há necessidade e merecimento, a própria pessoa recebe revelações a respeito de como deve pautar a sua própria vida, tomando essa ou aquela decisão. Através do desdobramento espiritual, ou de uma forte intuição, a pessoa que procura encontra as orientações de que necessita, evitando futuros aborrecimentos. Não há *necessidade absoluta* de que uma terceira pessoa, às vezes completamente estranha à sua vida, venha fazer-lhes advertências, penetrando na sua intimidade; destaquemos bem a colocação *necessidade absoluta* porque, vez ou outra, isto pode acontecer, mormente quando a pessoa não se acha em condições ela mesma de receptividade espiritual num "recado" dessa envergadura.

Infelizmente, são muitos os que ainda acreditam mais nos astros do que em si mesmos! Crendo que o seu destino encontra-se irremediavelmente "escrito nas estrelas", rendem-se à fatalidade, esquecidos de que todo dia é dia de construir ou reconstruir a própria felicidade.

XIX

CALIGRAFIA DOS ESPÍRITOS

"A mudança de caligrafia não ocorre senão com os médiuns mecânicos e semimecânicos, porque neles o movimento da mão é involuntário e dirigido pelo Espírito; não ocorre o mesmo com os médiuns puramente intuitivos, tendo em vista que, nesse caso, o Espírito atua unicamente sobre o pensamento (...)" (Cap. XVII – Segunda Parte – item 219)

Na psicografia, de um modo geral, a caligrafia dos Espíritos mistura-se à do médium; seria exigir muito querer que, além de expressar os seus pensamentos numa mensagem escrita, o Espírito o fizesse com a sua própria letra... As dificuldades materiais e intelectuais a serem vencidas seriam enormes, para que tal acontecesse.

No médium puramente mecânico, o Espírito comunicante consegue reproduzir a sua caligrafia ou, pelo menos, aproximar-se dela o mais possível; entretanto, escrevendo com a sua própria letra, o Espírito não consegue produzir longos ditados...

O que acontece na maioria das páginas psicográficas é uma "mistura de psiquismos", ou seja: o Espírito entra com o pensamento e o médium, com a caligrafia que lhe é característica. Apenas, em alguns raríssimos casos, no momento de assinar a mensagem o Espírito procura fazê-lo de "próprio punho", esforçando-se para dar aos destinatários uma prova maior de autenticidade.

Porque a letra seja do médium não significa que o comunicado não seja autêntico. Kardec ensina que no ato de identificação de uma página mediúnica, nem mesmo o nome que a assina é mais importante do que as *idéias* que a estruturam, porque, se o nome pode ser o de um Espírito, as idéias podem não o ser...

Em ordem decrescente de importância, diríamos que, na análise de uma mensagem de além-túmulo, o que primeiro deve ser levado em conta é *o espírito da letra,* ou seja os *pensamentos* e as *emoções* do comunicante; em segundo lugar, os detalhes e as informações fornecidas por ele; em terceiro, o nome com que se identifica; em quarto e último lugar a sua caligrafia e conseqüente assinatura.

Consideremos um outro fator. Sabemos que o médium é uma pessoa comum, suscetível de variadas influências de caráter emotivo. Pode ser que num dos comunicados que receba, o Espírito encontre uma "situação" favorável para reproduzir, de forma idêntica ou semelhante, pela mão do médium, a sua assinatura. E, talvez, em diversos comunicados posteriores ele não consiga, apesar de seus esforços, reeditar a façanha.

Não sendo uma máquina, a "resposta" do medianeiro aos Espíritos que dele se utilizam nem sempre é a mesma. De uma reunião para outra, o médium pode alterar-se emocionalmente, quem sabe pressionado por problemas desconhecidos dos circunstantes... Essa alteração emocional pode tanto abatê-lo quanto motivá-lo a uma maior "entrega" ao ato medianímico.

Com o devido respeito, e não querendo gracejar com um assunto sério, diria que prever a reação emocional de um médium em face de um comunicado de que se constitua intérprete, seja psicográfico ou psicofônico, é o mesmo que tentar uma previsão do tempo com cem por cento de acerto...

O próprio ambiente da reunião, um diálogo

mantido instantes antes ou a abordagem de determinada pessoa, às vezes é mais do que suficiente para influenciá-lo. A simples presença de alguém no recinto pode alterar o comportamento do médium – não deveria fazê-lo – mas, infelizmente, é esta a realidade e não podemos ignorá-la. Que os nossos irmãos médiuns nos perdoem, mas é justamente isto o que percebemos em nossos contatos...

A grande maioria dos médiuns psicógrafos é intuitiva ou consciente e, por isto, são eles, os médiuns psicógrafos, que "revestem" o pensamento dos Espíritos com as suas palavras e caligrafia.

Que os médiuns bem intencionados, portanto, não se importem com as exigências que lhes façam os que desconhecem o mecanismo do intercâmbio mediúnico. Não se importem, inclusive, com os erros gramaticais que possam cometer na recepção da mensagem de um consagrado escritor. O Espírito utiliza o médium que tem à sua disposição e não o que desejaria; isto constitui-lhe também uma prova de humildade, a fim de que não somente saiba falar ou escrever com acerto, mas, sobretudo, viver com retidão.

XX

MEDIUNIDADE E PRIVILÉGIO

"14. Se é uma missão (a mediunidade), como ocorre que não seja o privilégio de homens de bem, e que essa faculdade seja dada a pessoas que não merecem nenhuma estima e que podem dela abusar?

Ela lhes é dada porque têm dela necessidade para sua própria melhoria e para que estejam em condições de receber bons esclarecimentos; se disso não se aproveitam, sofrerão as conseqüências. Jesus não dava de preferência sua palavra aos pecadores dizendo que é preciso dar àquele que não tem?" (Cap. XVII – Segunda Parte – item 220)

A Lei Divina não concede privilégios a ninguém.

A mediunidade é uma conquista evolutiva acessível a todos e a tarefa mediúnica definida é um compromisso reencarnatório.

Perguntar por que Deus concede a mediunidade a quem dela não faz bom uso é o mesmo que perguntar por que igualmente lhe conceda inteligência, a visão, os órgãos da palavra...

Não há quem reencarne para fazer o mal; todos corporificam-se no mundo em busca do próprio aperfeiçoamento. O caminho que tomamos é opção pessoal.

A ninguém é negada a oportunidade de reajuste e ascensão espiritual, porque a Lei Divina prima pela imparcialidade.

Se existem médiuns que não utilizam de maneira conveniente os talentos que lhes foram confiados, arcarão com as conseqüências. Não nos disse o Cristo: "... se a tua mão, ou o teu pé, te escandaliza, corta-o e lança-o fora de ti. Melhor te é entrar na vida manco ou aleijado, do que, tendo duas mãos ou dois pés, ser lançado no fogo eterno"? É por isto que muitos médiuns, quando não têm a faculdade suspensa, acabam se tornando vítimas da obsessão.

Atualmente, já reencarnam na Terra medianeiros que não souberam dignificar a mediunidade em existência pregressa... São jovens, homens e mulheres, com problemas psiquiátricos crônicos, com sucessivas internações nos sanatórios, onde se põem a "incorporar" os Espíritos que os assediam ou a preencher laudas e laudas de papel, acreditando-se missionários no campo da escrita mediúnica... Penaliza-nos ver a luta desses irmãos da mediunidade atormentada, lutando pela conquista do reequilíbrio. Nos centros espíritas são eles os companheiros-problemas que se crêem investidos de um mandato de ordem superior, refratários às orientações que recebem.

Interpretando o tema sob outro prisma, gostaríamos de considerar que o único privilégio concedido pela mediunidade é o do serviço na seara do bem. Realmente, neste sentido, os médiuns devem se considerar "privilegiados" e valorizar a oportunidade de que dispõem, agarrando-se firmemente à bendita "enxada" que lhes permite cultivar a gleba da própria alma.

Entretanto, que os médiuns não se considerem credores de uma "proteção especial", ou algo que o valha.

Toda construção do bem sobre a Terra se levanta sobre o alicerce de muitas lágrimas!

Reflitamos no quanto sofreram os pioneiros da mediunidade, aqueles que legaram aos espíritas o patrimônio de luz que herdaram nas bênçãos da Doutrina Espírita... Meditemos nas obras doutrinárias que nasceram em meio às grandes provações de seus idealizadores... Pensemos no resignado silêncio de quantos se sacrificaram pela Terceira Revelação, demandando o Além de consciência tranqüila, mas de coração amargurado pelas decepções... E aqueles outros que, semeando flores sob os próprios passos, feriram-se nos espinhos da ingratidão e da calúnia, da indiferença e da intolerância...

Os mártires anônimos da mediunidade, em todo o mundo contam-se aos milhares... Confortados pelas vozes e pelas visões da Vida Espiritual, seguiram, de cruz aos ombros, para o suplício, escalando o Calvário redentor em que o Mestre nos precedeu.

No entanto, ao lado de tanta renúncia, mediunidade também é alegria.

O médium que cumpre com o seu dever experimenta um júbilo íntimo ao qual nada se compara. Que o digam os que sabem do que estamos falando, os medianeiros que servem com simplicidade, que não reclamam da rotina das reuniões, que não reivindicam atenção especial, que não se melindram, que amam a tarefa e honram os seus compromissos, que se entregam aos Espíritos com confiança, que perseveram com entusiasmo no aprimoramento de si mesmos...

Para quem a carrega com alegria, toda cruz torna-se mais leve e transfigura-se em asas, arrebatando ao Infinito quem, assim, a transporta!

XXI

MEDIUNIDADE E LOUCURA

"5. A mediunidade poderia produzir a loucura?

Não mais do que todas as outras coisas, quando não há predisposição pela fraqueza do cérebro. A mediunidade não produzirá a loucura quando o princípio não existe; mas, se o princípio existe, o que é fácil de se reconhecer pelo estado moral, o bom senso diz que é preciso usar de cautela sob todos os aspectos, porque toda causa de agitação pode ser nociva." (Cap. XVIII – Segunda Parte – item 221)

A mediunidade, bem conduzida, é fator de equilíbrio, e não de loucura.

Até hoje, os detratores da Doutrina insistem na

tese de que o contato com os Espíritos é causa de desequilíbrio. Esta "lenda" nasceu, porque os médiuns, considerados então loucos, foram para os centros espíritas, e combatendo a causa de sua suposta loucura, se curaram... Quase todos os medianeiros a serviço no Espiritismo encontraram nele o seu ponto de equilíbrio espiritual.

Se se fosse realizar uma estatística honesta nos hospitais psiquiátricos, verificar-se-ia, sem maiores entraves, que os chamados perturbados mentais são originários de outras crenças religiosas, e não das fileiras espíritas.

A Doutrina Espírita já foi acusada de induzir os seus adeptos ao suicídio, de incentivar o fanatismo, de provocar a alienação de seus profitentes... No entanto, apesar de todas as injustiças que padece, ela prossegue espalhando inúmeros benefícios, indiferentes às acusações que, por preconceito, lhe são desferidas.

Foi o Espiritismo que diagnosticou e apontou o tratamento para a obsessão.

Como esclarece Kardec, se algum companheiro se perturba no exercício da mediunidade ou comete algum desatino na condição de espírita, é porque o seu *carma* falou mais alto.

De fato, alguns irmãos existem que devem ser, ao contrário de outros, desestimulados ao exercício da mediunidade. Frágeis psiquicamente, devem se limitar às atividades doutrinárias comuns e às assistenciais. É como alguém que não se encontra, por exemplo, apto emocionalmente para o exercício da profissão de médico.

Com muito carinho e caridade, esses irmãos a que nos referimos, a fim de que não se sintam marginalizados, carecem de ser orientados para outras ocupações, compatíveis com as suas atuais condições reencarnatórias. Vejamos como é grave a responsabilidade dos que se colocam à frente dos grupos espíritas, com o dever de orientá-los.

São irresponsáveis os que, indiscriminadamente, aconselham o desenvolvimento mediúnico para quantos os procuram com suas queixas características.

É indispensável que os centros espíritas ampliem as suas atividades sociais, porque é através do trabalho no bem, com o concurso valioso do tempo, que as forças psíquicas em desajuste se reorganizam. De múltiplos trabalhos mediúnicos, devem-se criar diversas frentes de serviço assistencial, bem como reuniões de estudos doutrinários, para "agasalhar" a verdadeira multidão que vem batendo às portas de nossas instituições com problemas de ordem psíquica.

O contato com os mais carentes, a renovação das idéias nos diálogos em grupo, a ocupação útil, seja ela diária ou semanal, ao lado da alegria que a caridade proporciona, produz melhores resultados do que alguém, de braços cruzados, assentar-se ao redor de uma mesa mediúnica à espera da manifestação dos Espíritos por seu intermédio. É lógico que não podemos generalizar, porque alguns companheiros, de fato, carecem de ser conduzidos, quase de forma imediata, à prática mediúnica.

A mediunidade, em si, não é, portanto, um estado de morbidez mental; se o é, semelhante loucura vem se alastrando de forma espantosa sobre o mundo todo... Sim, porque não apenas os espíritas são médiuns... Em todos os países, muitos dos quais a Doutrina Espírita sequer ainda é conhecida, surgem sensitivos no intercâmbio com o Mundo Espiritual. A própria Igreja, antes tão conservadora e preconceituosa, ultimamente vem admitindo o que denomina "dom carismático" entre os seus seguidores, numa tentativa, quem sabe, de reconquistar os adeptos que perdeu para outras religiões...

Iluminada pelo Evangelho, a Doutrina Espírita,

em retomando o movimento cristão dos três primeiros séculos, segue os preceitos do Cristo que recomendou aos apóstolos: "Restituí a saúde aos doentes, ressuscitai os mortos, curai os leprosos, expulsai os demônios. Dai gratuitamente o que haveis recebido gratuitamente."

XXII

PERSONALISMO

"11. Quais são as condições necessárias para que a palavra dos Espíritos superiores nos chegue pura de toda alteração?

Querer o bem; enxotar o egoísmo ***e o*** orgulho; ***as duas coisas são necessárias."*** (Cap. XX – Segunda Parte – item 223)

Sem dúvida, o personalismo é um dos principais entraves ao salutar exercício da mediunidade.

Quando o médium se deixa incensar, crendo ser o que não é, o "espelho mediúnico" começa a tornar-se opaco, prejudicando sensivelmente a recepção da mensagem que deve "refletir" com toda claridade possível...

É muito comum, infelizmente, o que, a contragosto, denominamos "vedetismo mediúnico".

O médium carece o tempo todo estar consciente de suas limitações; sabendo-se limitado ele poderá superar-se, ao passo que convencido acerca de suas habilidades ele acabará por complicar-se, expondo-se a vexames e sujeitando a Doutrina a críticas.

Excelentes médiuns – excelentes, do ponto de vista da faculdade mediúnica em si – terminaram por chafurdar-se no atoleiro da vaidade, afastando-se da proteção dos Bons Espíritos; tornaram-se improdutivos, frustrando a expectativa do Mundo Espiritual de um trabalho sério em benefício da Humanidade.

Às vezes, indaga-se como é possível a um medianeiro que se debate com tantos e complicados problemas, produzir algo de valor de maneira regular... Respondemos que é justamente por isto: o médium que faceia resignadamente as suas provas, embora aparentemente sem paz dentro da luta em que vive, se permanece fiel ao dever mediúnico que lhe compete, conta, de forma incondicional, com o respaldo dos Benfeitores Espirituais.

Por incrível que pareça, os médiuns que mais padecem e que mais se empenham na batalha da própria renovação são os que se encontram sempre em melhores condições de sintonia com os Planos Mais Altos.

Não importa o que o médium aparente por fora; é indispensável como ele esteja por dentro... Se ele *quer o bem*, se a sua *intenção é boa* isto basta para garantir-lhe o equilíbrio na tarefa. Os Benfeitores Espirituais são compreensivos e sabem passar "por cima" de nossas faltas, quando nos vêem *sinceramente* empenhados no serviço do auxílio aos semelhantes.

Os Bons Espíritos não estão à cata de anjos humanos para lhes servirem na condição de intermediários junto aos homens; procuram tão somente "instrumentos" dispostos a cooperar na concretização do Bem, embora conscientes da distância que ainda os separa do Bem Inalterável.

Médiuns que falam muito de si mesmos, comentando o que obtêm dos Espíritos nas mensagens que recebem, que não sabem fazer o necessário silêncio nem guardar discrição em torno do trabalho que desenvolvem, que provocam elogios a seu respeito, que revelam uma falsa modéstia, que se deixam presentear com freqüência, que criticam outros companheiros da mediunidade, que não aceitam observações construtivas sobre as atividades que desempenham e que, sobretudo, se acreditam missionários, são irmãos em que o personalismo se encontra agindo, semelhante à erva daninha que, pouco a pouco, se espalha pelo campo, comprometendo as mais promissoras colheitas.

Que o médium, pois, não se iluda a seu próprio respeito e combata sem tréguas a vaidade pessoal se, efetivamente, deseja alcançar significativa vitória na presente encarnação.

O personalismo predispõe ao melindre e o melindre, como nos ensina *O Evangelho Segundo o Espiritismo*, é filho do orgulho...

Allan Kardec escreveu que "o orgulho perdeu numerosos médiuns dotados das mais belas faculdades e que, sem isso, teriam podido ser sujeitos notáveis e muito úteis; ao passo que, transformados em presa de Espíritos mentirosos, suas faculdades foram primeiro pervertidas, depois aniquiladas, e mais de um se viu humilhado pelas mais amargas decepções."

Com grande felicidade, como se estivesse auscultando os mais íntimos escaninhos da alma humana, acrescentou o Codificador no mesmo capítulo em questão de *O Livro dos Médiuns*: "O orgulho se traduz, nos médiuns, por sinais inequívocos (...). Primeiro é uma confiança cega na superioridade dessas mesmas comunicações e na infalibilidade dos Espíritos que lhas dão; *daí um certo desdém por tudo o que não vem deles, porque se crêem o privilégio da verdade*". (o grifo é nosso)

XXIII

MÉDIUNS E OBSESSÃO

"4º. Confiança do médium nos elogios que lhe dão os Espíritos que se comunicam por ele." (Cap. XXIII – Segunda Parte – item 243: "Reconhece-se a obsessão pelos caracteres seguintes:")

Entre diversas passagens evangélicas, existem duas em "Atos dos Apóstolos" sobre as quais, de quando em vez, deveríamos meditar, vacinando-nos contra o assédio das idéias obsessivas no que tange aos nossos próprios valores diante da Vida.

A primeira está inserida no cap. 10, versículos 25 e 26, quando Pedro encontra-se com Cornélio em Cesaréia: "Aconteceu que, indo Pedro a entrar, lhe saiu Cornélio ao encontro e, prostrando-se-lhe aos pés, o adorou.

Mas Pedro o levantou, dizendo: *Ergue-te, que eu também sou homem.*"

A segunda passagem referida envolve Paulo e Barnabé, na cidade de Listra, conforme pode-se ler no cap. 14, versículos 11 e seguintes: "Quando as multidões viram o que Paulo fizera, gritaram em língua licaônica, dizendo: Os deuses, em forma de homens, baixaram até nós.

A Barnabé chamavam Júpiter, e a Paulo, Mercúrio, porque era este o principal portador da palavra.

O sacerdote de Júpiter, cujo templo estava em frente da cidade, trazendo para junto das portas touros e grinaldas, queria sacrificar juntamente com as multidões.

Porém, ouvindo isto, *os apóstolos Barnabé e Paulo, rasgando as suas vestes,* saltaram para o meio da multidão, clamando:

"Senhores, por que fazeis isto? *Nós também somos homens como vós, sujeitos aos mesmos sentimentos (...)*"

Assim como um processo obsessivo pode terminar com o exercício consciente da mediunidade, a mediunidade exercida de forma irresponsável pode desencadear um processo obsessivo de longo curso.

No capítulo precedente, quando examinamos a questão do personalismo, deixamos implícito o alerta para os companheiros da mediunidade que não exercem sobre si mesmos a vigilância necessária.

Vejamos que a luta contra a idolatria humana vem desde os tempos apostólicos. Pedro, Paulo e Barnabé não se cansam de declarar as suas limitações, impedindo que fossem confundidos com os "deuses"... Infelizmente, muitos medianeiros, que estimam o elogio fácil, tornam-se presas da obsessão, "adoecendo" as faculdades medianímicas de que são portadores. Não raro, passam a acreditar que são superiores, inclusive, aos Benfeitores Espirituais que se comunicam por seu intermédio... Quando tal ocorre, as advertências do Mundo Espiritual lhes são endereçadas de maneira constante; entretanto eles quase nunca as tomam para si e chegam a se aborrecer com os companheiros médiuns que são utilizados para semelhante mister.

Numa outra passagem evangélica, Jesus recomenda aos apóstolos que se considerem servos imperfeitos, porque, em cumprindo o dever, nada mais fizeram do que lhes competia fazer...

O médium, e o espírita de maneira geral, é uma pessoa como as demais; o que o diferencia, se é que algo o diferencia, é a sua maior responsabilidade pelos conhecimentos adquiridos e, conseqüentemente, a sua maior obrigação de servir.

É indispensável que, imitando Paulo e Barnabé, os médiuns "rasguem as vestes" do personalismo e da vaidade, impedindo que se crie deles uma falsa imagem...

Dificilmente, na Terra, o médium, seja ele qual for, escapará ao assédio das tentações... Paulo confessava trazer "um espinho" cravado na carne por constante advertência, a fim de que de nada se vangloriasse... Mas sofrer o assédio das tentações é uma coisa, ceder a ele é outra.

Escrevendo aos habitantes de Corinto, Paulo acentua no Cap. 9, versículo 12, de sua primeira epístola: "Aquele, pois, que pensa estar em pé, veja que não caia." E como que complementando o seu pensamento, vejamos a palavra do apóstolo em sua segunda carta aos Coríntios, no Cap. 12, versículo 10: "Pelo que sinto prazer nas fraquezas, nas injúrias, nas necessidades, nas perseguições, nas angústias por amor de Cristo. *Porque quando sou fraco, então é que sou forte.*" (os grifos são nossos)

Longe da idéia de masoquismo, Paulo sabia que é a humildade que confere ao homem a verdadeira grandeza e que a consciência de suas fraquezas é o que o eleva acima de si mesmo.

XXIV

FALSÁRIOS DO ALÉM

"Pode-se, também, colocar entre as provas de identidade a semelhança da escrita e da assinatura, mas, além de que não é dado a todos os médiuns obterem esse resultado, ele não é sempre uma garantia suficiente; há falsários no mundo dos Espíritos como neste; isso é, pois, apenas uma presunção de identidade que não adquire valor senão pelas circunstâncias que a acompanham." (Cap. XXIV – Segunda Parte – item 260)

Nas circunvizinhanças espirituais da Terra, enxameiam os Espíritos desocupados, aqueles que vadiam levianamente como se o mundo fosse para eles, mesmo depois de "mortos", uma imensa "estação rodoviária"... São Espíritos ainda envolvidos pelas paixões materiais, inescrupulosos, desonestos, que se corrompem a troco de vis favores.

Esses Espíritos freqüentam os bares terrestres, as casas de jogo e de prostituição, as esquinas das ruas movimentadas, as encruzilhadas na periferia das cidades, as construções em ruínas, os apartamentos onde são promovidas as chamadas "festas de embalo", os estabelecimentos bancários a que têm livre acesso e até mesmo os templos de fé mal orientados.

Esses infelizes companheiros da erraticidade aproveitam-se da invigilância das pessoas e dos médiuns, imiscuindo-se em seus assuntos de forma leviana e irresponsável. Podem perfeitamente aproximar-se de um medianeiro e, se estão por dentro de um assunto de determinada família, fazer-se passar por um Espírito familiar... Às vezes, agem assim por falta de uma ocupação séria, mas, na maioria das vezes, planejam o que pretendem com antecedência e, como adverte Kardec, podem chegar ao cúmulo de imitar a caligrafia, a assinatura ou o timbre de voz de um outro Espírito. São os "falsários do Além", os que se especializaram na Terra em ludibriar as pessoas...

Não acreditemos que o Mundo Espiritual próximo seja povoado apenas por Espíritos esclarecidos; ao contrário, a sua grande maioria é constituída por infelizes companheiros desencarnados que prosseguem cultivando os seus estranhos hábitos.

A morte não modifica ninguém de um instante para outro.

Por aqui, existem contrabandistas operando nas regiões espirituais inferiores, policiais que prosseguem em seu encalço, autoridades que se movimentam para sanear regiões ocupadas por grupos que se aquartelam, constituindo-se em constante ameaça para as comunidades do Mundo Invisível e do Mundo Físico.

No capítulo em que estudamos a "Caligrafia dos Espíritos", dissemos o que aqui reafirmamos: a maior garantia da autenticidade de um comunicado mediúnico é o seu *conteúdo moral*, a somatória de lições que são transmitidas e que os seus destinatários "sentem" ao recebê-lo, embora não saibam traduzir em palavras essa sensação...

Quando um Espírito entra, através de um médium, em contato com os familiares e amigos que permanecem na Terra, normalmente transmite na mensagem uma "emoção" que os envolve na certeza de que é ele mesmo o comunicante.

Quando uma mensagem é remetida por um Espírito aos seus familiares e estes dizem: "ela não tem nada a ver com o fulano", não sendo "tocados" em seu íntimo pelas palavras transmitidas, convém que a referida mensagem seja reavaliada, mesmo quando traga a assinatura do referido Espírito em sua própria letra. É preciso que se leve em conta, além disso, a seriedade da reunião em que o comunicado se deu, a idoneidade do médium e, se possível, numa autocrítica, a intenção com que se foi atrás da mensagem...

Se muitos Espíritos inescrupulosos tomam o nome do Cristo e de Maria de Nazaré, falando e escrevendo como se fossem os próprios, por que não poderiam enganar fornecendo uma falsa identidade, fazendo-se passar por outro?!

Neste sentido, chamamos, se assim podemos nos expressar, a responsabilidade dos médiuns, para que não sejam tão somente os "receptores" dos comunicados do Além, mas igualmente os seus "examinadores", sendo eles os principais interessados na autenticidade do fenômeno, a fim de que não caiam, com o devido respeito, no "conto do vigário"...

XXV

AUSÊNCIA DE NOTÍCIAS

"Entre as causas que podem se opor à manifestação de um Espírito, algumas lhe são pessoais e outras lhe são estranhas. É preciso colocar entre as primeiras suas ocupações ou as missões que cumprem, e das quais não pode desviar-se para ceder aos nossos desejos; nesse caso, sua visita não é senão adiada." (Cap. XXV – Segunda Parte – item 275)

Embora permaneçam vinculados à Terra, nem todos os Espíritos encontram-se em condições de comunicar-se mediunicamente com os que se demoram no campo da luta física. Nem médiuns para tal cometimento teríamos em número suficiente, se os Espíritos pudessem se manifestar como desejariam...

Quando desencarnam, os Espíritos prosseguem em suas atividades no Mundo Espiritual: alguns ascendem a regiões superiores da vida, em obediência aos impositivos da própria evolução, e outros precipitam-se nas regiões infelizes de onde não conseguem se ausentar com facilidade.

Algemados a preconceitos de caráter religioso, dos quais não se libertam mesmo depois da morte, alguns Espíritos recusam-se a "voltar" e manter contato com os que procuram saber como estão; outros, reencontrando antigas afinidades, como que se "esquecem" dos laços consangüíneos a que se prenderam por determinado tempo...

Alguns desencarnados tentaram o difícil intercâmbio com os parentes e amigos, desistindo por não encontrar a receptividade necessária ou contar com o interesse deles; outros, de acordo com as provações em que estejam envolvidos, como que se condenam ao silêncio, talvez justamente por terem ridicularizado semelhante oportunidade...

Enfim, são múltiplas as razões para a ausência de notícias da parte de determinados Espíritos.

Alguns, se se manifestassem, certamente haveriam de complicar a situação dos que pelejam no mundo culpando-os pelas dificuldades que faceiam deste *outro lado da vida;* outros abordariam assuntos "censurados" pelos Benfeitores Espirituais, de vez que não lhes assiste o direito de se utilizar de um médium para intranqüilizar os homens...

Alguns simplesmente não se expressam porque, dentro de um período relativamente curto, são reconduzidos à reencarnação e outros, em se vendo fora do corpo, se revelam indiferentes aos companheiros da retaguarda material...

Juntando-se às razões anotadas aqui carecemos levar em consideração o problema do médium que não se encontra "apto" para estabelecer sintonia com todo ou qualquer Espírito que dele se aproxime. Existe ainda a questão fundamental da *simpatia* entre o médium, o Espírito e os familiares interessados na mensagem. Não raro, o Espírito se envergonha de expor-se ao público e o médium, por sua vez, teme não corresponder às expectativas das pessoas que, normalmente, são muito exigentes, não considerando as limitações naturais de um intercâmbio dessa natureza.

Grande parte dos comunicados de além-túmulo acontece com a intermediação dos *Espíritos-médiuns*, ou seja, de Espíritos que, em nome dos evocados e com a devida permissão dos Benfeitores, transmitem os seus recados aos corações amados, saudosos de suas notícias.

Allan Kardec, em *O Livro dos Médiuns*, faz uma consideração de suma importância: "... uma primeira conversa não é sempre tão satisfatória como se poderia desejar, e é por isso também que os próprios Espíritos, freqüentemente, pedem para serem chamados de novo." Pode acontecer, portanto, que numa primeira comunicação o Espírito deixe a desejar; somente com o tempo, criando uma maior sintonia com o médium, ele irá se soltando mais, conseguindo expressar-se com o desembaraço necessário.

Depois de uma certa insistência, através de um médium, na obtenção de notícias desse ou daquele familiar desencarnado, se a comunicação desejada não se concretiza, convém que as pessoas desistam ou, então, efetuem tentativas por um outro médium que ofereça ao Espírito as condições ideais. O que não é possível através de um médium, pode ser através de outro. Isto é perfeitamente compreensível.

Somos de opinião que de um modo geral, as pessoas deveriam evitar obter diversas mensagens de um mesmo Espírito, através de médiuns diferentes. Temos visto muita gente perder a fé por isto. Julgando os referidos comunicados contraditórios, porque não possuem o indispensável conhecimento doutrinário para discerni-los, acabam cavando o abismo da própria descrença.

XXVI

MANIFESTAÇÕES INCONVENIENTES

> "25. *Quando um Espírito inferior se manifesta, pode-se obrigá-lo a retirar-se?*
>
> ***Sim, não o escutando mais. Mas como quereis que se retire quando vos divertis com suas torpezas? Os Espíritos inferiores se prendem àqueles que os ouvem com complacência, como os tolos entre vós."*** (Cap. XXV – Segunda Parte – item 282)

Por manifestações inconvenientes, referimo-nos àquelas manifestações que ocorrem em locais e momentos inadequados.

Os Espíritos esclarecidos sabem aguardar o instante e o local apropriados para se manifestarem, respeitando a intimidade dos lares e a disciplina existente nos centros espíritas; os Espíritos ignorantes, não raro propositadamente, manifestam-se a qualquer hora e em qualquer lugar, valendo-se da invigilância dos médiuns de que se utilizam.

Consideramos inconvenientes as manifestações que acontecem durante a transmissão de passes, nas reuniões de caráter público nos templos espíritas, durante a realização de cultos do Evangelho no lar, nos ambientes de trabalho profissional, nas ruas, nos encontros de jovens, nas aulas de evangelização infantil, nas visitas aos doentes nos hospitais...

Quando ocorrer uma manifestação mediúnica imprevista ou inconveniente, é de bom alvitre que um doutrinador presente, agindo com a presteza e com a discrição possíveis, convide o Espírito para se retirar, esperando o momento aconselhável para expressar-se como necessita.

Os médiuns já com algum conhecimento da Doutrina sabem que não devem permitir a passividade quando o ambiente não seja propício; se o fazem carecem ser alertados para que o fato não se repita.

É muito comum que os médiuns em desenvolvimento, mormente no campo da mediunidade psicográfica, sintam impulsos para escrever a toda hora... Não raro, interrompem o trabalho profissional ou a própria refeição para fazê-lo. Isto não deve acontecer. O Espírito, tanto quanto o médium, deve saber que o exercício mediúnico se fundamenta na disciplina.

É indispensável que o médium principiante se controle, fazendo prevalecer a sua vontade sobre a vontade do Espírito; se ele cede sempre, pode acabar perdendo o equilíbrio, transformando o seu desenvolvimento mediúnico num caso de obsessão.

Não sejamos, todavia, tão rigoristas. O bom senso carece de prevalecer em tudo. Esporadicamente, um ou outro caso de manifestação imprevista de um Espírito pode ser "tolerado". Às vezes, o fato está se dando com a permissão dos Benfeitores Espirituais, aproveitando-se, talvez, das condições favoráveis do momento... Normalmente, quando existe essa permissão, o Espírito que consegue romper o "bloqueio" e comunicar-se o faz por extrema necessidade sua ou das pessoas às quais se dirige. Pode ser para evitar um suicídio, para dar uma prova da sobrevivência, para "assustar" os descrentes...

Mas que não permaneça nenhuma dúvida: o local apropriado para exercer a mediunidade é no Centro Espírita e nas reuniões específicas, organizadas conforme as orientações básicas da Doutrina.

Médium que quer incorporar a todo instante,

psicografar a toda hora, que vê e ouve os Espíritos a cada minuto, está sob evidente desequilíbrio e manda a caridade que ele seja alertado a respeito. Pode ser, inclusive, que haja necessidade de uma *pausa momentânea* em suas atividades mediúnicas, "saneando" o seu psiquismo, a fim de que, depois, ele as retome com mais discernimento e controle sobre as próprias emoções.

Infelizmente, a verdade é dura mas carece de ser dita: os médiuns acham que a partir do momento em que recebem a primeira comunicação já estão desenvolvidos... É como alguém que passasse a se considerar homem por ter alcançado a maioridade... Crendo-se assim desenvolvidos, eles próprios se dispensam de qualquer estudo do Espiritismo, acreditando que já chegaram onde muitos ainda estão se esforçando para chegar... É que, em geral, os médiuns, crendo que serão instruídos pelos Espíritos, não gostam de estudar. Mas é também por isto que muitas mediunidades não avançam além do primeiro passo dado.

Os Espíritos não têm o direito de ser inconvenientes em suas manifestações; quando o são, parcela dessa inconveniência deve ser tributada à invigilância e à indisciplina dos médiuns.

XXVII

O ESSENCIAL

"5. Há pessoas que não têm nem o tempo nem a aptidão necessários para um estudo sério e aprofundado, e que aceitam o que se lhes ensina sem exame. Não há, para elas, o inconveniente de abonar os erros?

Que pratiquem o bem e não façam o mal, é o essencial; para isso não há duas doutrinas. O bem é sempre o bem, quer vós o façais em nome de Allah ou de Jeová, porque não há senão um Deus para o Universo." (Cap. XXVII – Segunda Parte – Item 301)

Seja qual for o setor de atividades a que estejamos engajados, a prática do Bem é o essencial.

Tudo o que fazemos, seja na Terra ou no Além,

é com o único objetivo de vivenciarmos o Bem de maneira espontânea e natural.

O Bem é o ponto para onde convergem, necessariamente, todas as religiões, por maiores possam ser as divergências doutrinárias com que se oponham.

O Espírito de Verdade afirma em *O Livro dos Médiuns*: "Qualquer que seja, pois, o modo de progressão que se suponha para as almas, o objetivo final é o mesmo, e o meio de atingi-lo é também o mesmo: fazer o bem; ora, não há duas maneiras de fazê-lo."

Médiuns, mediunidades e Espíritos estão todos a serviço de uma única causa: a evangelização da Humanidade, alicerçada no "amai-vos uns aos outros".

Um grande pensador já dissera que toda a Bíblia fora escrita com o só propósito de ensinar ao homem o Amor!

Cristo, como se sabe, não formalizou nenhuma religião sobre a Terra... Ele não se ligou nem ao judaísmo vigente, nem à filosofia essênica, não aderiu nem ao esoterismo dos egípcios, nem ao modo de pensar dos gregos... Ignorou o paganismo dos romanos e a idolatria dos hindus com seus deuses védicos... Proclamou, simplesmente: "Conhecereis a Verdade e a Verdade vos libertará", encerrando toda a Lei e os Profetas na síntese inesquecível: "Amai a Deus sobre todas as coisas e ao próximo como a vós mesmos".

Os que forem simpáticos ao Bem, mesmo sem tempo ou aptidão para um estudo mais aprofundado da Doutrina, haverão de, naturalmente, simpatizar-se com ela; neste sentido, temos mais espíritas no mundo do que possamos imaginar...

Mais importante do que ser médium é ser bom!

De fato, algumas pessoas existem que, sem maior discernimento, parecem aceitar tudo o que vem dos Espíritos... Aparentemente enganadas, essas pessoas, simples e sem malícia, transformam naturalmente em Bem todo o mal de que sejam alvo... Às vezes, crédulas ao extremo, mais crédulas inclusive do que os próprios médiuns, sem que neles essa credulidade se confunda com fanatismo, contam com a proteção dos Benfeitores Espirituais que não permitem que sofram qualquer prejuízo moral.

Todavia, no assunto em pauta, cabe-nos uma ressalva: embora a prática do Bem seja o essencial, os médiuns não devem, por isso, desconsiderar a necessidade de estudar a Doutrina, mesmo porque quem se aprofunda no conhecimento doutrinário se convence cada vez mais de que a prática do Bem é de fundamental valor no processo da renovação íntima.

Quem vivencia o Bem com consciência o vivencia em plenitude!

Conhecendo os mecanismos da Lei de Causa e Efeito, o homem estará sempre desperto para as suas responsabilidades perante a Vida.

Estudando, quem tenha dificuldades para fazer o Bem, o fará mesmo contrariando a sua vontade... Compreenderá que necessita criar dentro de si uma predisposição para o Bem, e isto não acontecerá sem que ele force a sua própria "natureza". Enfim, estudando, ele colocará a inteligência a serviço do coração, para que o coração colabore com a inteligência na tarefa de sua própria iluminação.

Quando fizemos a colocação "force a sua própria natureza", entendemos que o homem, embora naturalmente bom por herança divina, jaz transitoriamente desnorteado no que se refere às suas origens... Talvez devêssemos ter dito "retome a sua natureza". Aliás, o processo evolutivo do Espírito através de suas múltiplas experiências, até que alcance a angelitude, nada mais é do que um retorno à Fonte Inalterável do Bem de onde, um dia, qual o filho pródigo da parábola do Cristo, saiu para amealhar às próprias expensas o Conhecimento que lhe outorgasse maioridade espiritual para voltar à Casa Paterna...

Portanto, a mediunidade é dada aos médiuns para o intercâmbio do Bem. Os médiuns que se afastarem desse caminho estarão desvirtuando a mediunidade de sua finalidade básica e, certamente, responderão por isto.

XXVIII

REUNIÕES SÉRIAS

"Todo médium que deseja sinceramente não ser joguete da mentira deve, pois, procurar trabalhar em reuniões sérias. (...)" (Cap. XXIX – Segunda Parte – item 329)

Não existem reuniões sérias sem dirigentes sérios e, conseqüentemente, sem participantes sérios.

Não estamos nos referindo àquela seriedade carrancuda, porque seriedade não é banir a alegria do coração, afivelando dura máscara na face.

Seriedade nas reuniões espíritas é sinônimo de responsabilidade, de disciplina e de devotamento.

Não somos a favor da formalidade inflexível nas

reuniões mediúnicas, formalidade que, não raro, se contrapõe ao espírito de fraternidade e de tolerância que nelas deve imperar; entretanto, a pretexto de compreensão evangélica, as reuniões não podem descambar para a espontaneidade exagerada, comprometendo-lhes o rendimento.

Por exemplo: uma reunião deve ter horário para começar e para terminar; vez ou outra, porém, é admissível um pequeno atraso nos horários estabelecidos. É natural que um médium, às vezes, tenha que faltar a ela, para uma viagem de férias com a família, por exemplo. Mas ausentar-se sempre é demonstrar falta de interesse e de convicção.

Toda espécie de trabalho, para produzir os melhores frutos, carece de disciplina e abnegação.

Os Espíritos sérios não participam de reuniões que não sejam sérias, deixando-as entregues aos Espíritos desocupados.

Reunião séria é uma reunião em que se deve evitar a improvisação de local, de dia e de horário, porque os Espíritos sérios necessitam de programar-se com antecedência para dar a elas a cobertura espiritual indispensável.

Às vezes, por puro convencimento, determinados médiuns se julgam tão íntimos dos Espíritos que os imaginam sempre à sua disposição, como se eles não tivessem mais o que fazer.

A descontração entre os integrantes de uma equipe mediúnica é fator positivo no aproveitamento das reuniões, porque os Espíritos esclarecidos não perdem o seu senso de humor. "Rejubilai-vos sempre", recomenda-nos o apóstolo. Entretanto, a alegria excessiva, entremeada por piadas de mau gosto, é perfeitamente dispensável.

É comum repararmos um fato curioso: existem companheiros espíritas que, como para contrabalançar a sua dedicação aos assuntos da religião, dizem que, porque ainda estão no mundo, carecem de "pagar tributo à matéria"... Baseados neste pensamento cometem excessos de toda natureza, crendo-se justificados de seus erros.

Não é bem assim. De fato, o espírita, seja ele ou não médium em atividade, é uma pessoa comum que, compreensivelmente, não deve furtar-se aos eventos sociais. Ninguém o condenará pelo hábito de comer carne, do qual ainda não se tenha libertado, ninguém deverá recriminá-lo pelos seus investimentos financeiros ou pela bebida que aprecie degustar moderadamente às refeições... Seria o cúmulo se os Espíritos sérios fossem tão exigentes, quando o Cristo estendeu a mão ao avarento Zaqueu e à

Madalena, a irmã equivocada em seus sentimentos de mulher...

Entretanto, porque nos tolerem com as nossas mazelas morais, não podemos concluir que os Espíritos sérios aprovem os nossos excessos.

É importante que os médiuns tenham noção de limite.

Se os Espíritos Superiores estivessem à procura de anjos, certamente haveriam de procurá-los noutro lugar que não a Terra... Mediunidade não é condição de angelitude. Estamos a milhares de anos-luz distantes da perfeição a que nos destinamos; mas, porque assim é, não devemos nos acomodar no lodaçal, ignorando as estrelas...

O médium, portanto, que deseja trabalhar de forma séria na mediunidade, deve procurar um Centro Espírita sério, onde, por estranho que pareça, não seja a mediunidade o que predomine, centralizando todas as atividades doutrinárias e assistenciais da Casa.

Os Centros Espíritas que só se ocupam de mediunidade em todas as reuniões, em nosso modesto ponto de vista, carecem de rever a sua programação.

Atentemos ainda para a sábia advertência

paulina, na 1ª epístola aos Coríntios, Cap. 15, versículo 33: "Não vos enganeis: as más conversações corrompem os bons costumes".

Vigiemos a palavra dentro da Casa Espírita. O assunto frívolo nasce do nada, ganha corpo, recebe o nome de "fofoca" e, sorrateiramente, provoca "desastres" de proporções imensas...

XXIX

POUCO A POUCO

"Se o Espiritismo deve, assim como está anunciado, ocasionar a transformação da Humanidade, isso não pode ocorrer senão pelo melhoramento das massas, o qual não chegará, gradualmente e pouco a pouco, senão pelo melhoramento dos indivíduos." (Cap. XXIX – Segunda Parte – item 350)

Realmente, a tarefa do médium na Doutrina Espírita está revestida de significativa importância na obra de espiritualização da Humanidade, sob a égide do Cristo.

Fazendo-se intérprete dos Espíritos, o médium pode cooperar no despertamento das almas adormecidas, conscientizando-as quanto à finalidade da vida no corpo denso.

Entretanto, nenhum médium deve ignorar que a evolução espiritual dos homens não acontecerá de improviso. Há dois mil anos, o Evangelho trabalha, pacientemente, na edificação do Reino Divino sobre a Terra.

Lentamente, as idéias das pessoas se modificam...

A violência não consta dos planos divinos.

Toda transformação real acontece de dentro para fora.

Por isto, Jesus disse que o Reino de Deus não viria com aparências exteriores.

Antes que o médium anseie transformar a Humanidade através dos fenômenos que produza, procure renovar a si mesmo, aproveitando ele próprio, primeiro, as lições de que se faça intérprete para terceiros.

Operando a sua renovação à luz do Evangelho Redivivo, o seu exemplo de vida, mais do que a mediunidade de que seja portador, influenciará positivamente os que observem o "fenômeno" de sua transformação...

Melhorando-se, o médium, conclamará, sem palavras, à melhoria, quantos existam ao seu derredor e, conseqüentemente, a pouco e pouco, há de melhorar, em silêncio, a Humanidade como um todo.

Paulo, a quem sempre recorremos, em sua 1ª carta aos Coríntios, Cap. 9, versículo 27, declarou: "Mas esmurro o meu corpo e o reduzo à escravidão, para que, tendo pregado a outros, não venha eu mesmo a ser desqualificado." Aos Gálatas, no Cap. 2, versículo 20, de suas preciosas considerações, escreveu: "... já não sou eu quem vive, mas Cristo vive em mim..."

A palavra que não for sancionada pelo exemplo se dispersará aos sopros do vento, mas a palavra vivificada pela ação ecoará sempre sobre todos os caminhos, fazendo-se ouvir mesmo depois que emudeceram os lábios que a proferiram...

Ao invés, pois, de angustiar-se pela conversão da Humanidade aos princípios espíritas, que o médium se aflija pela sua adesão integral aos postulados do Consolador, entregando-se sem condições e sem mais demora aos braços do Divino Amigo.

Kardec é incisivo ao questionar: "Que importa acreditar na existência dos Espíritos, se essa crença não torna melhor, mais benevolente e mais indulgente para com os seus semelhantes, mais humilde, mais paciente na adversidade? Que serve ao avaro ser espírita, se é sempre avaro; ao orgulhoso, se ele é sempre pleno de si mesmo; ao invejoso se é sempre invejoso? Todos os homens poderiam, pois, acreditar nas manifestações, e a Humanidade ficar estacionária; mas tais não são os desígnios de Deus."

Ainda e sempre Paulo, redigindo aos irmãos de Corinto, sentencia em sua inesquecível epístola: "... e quando eu tivesse o dom de profecia, penetrasse todos os mistérios, e tivesse uma perfeita ciência de todas as coisas; quando tivesse ainda toda a fé possível, até transportar as montanhas, se não tivesse caridade eu nada seria."

Ainda quando agraciado pelo dom da mediunidade, se o médium não tem caridade, ou seja, se ele não se prevalece dessa condição para melhorar a si mesmo, isso de pouco lhe valerá perante a Vida Imortal.

Depois de ter conquistado *territorialmente* o mundo, para tanto levando quase vinte séculos, o Evangelho agora parte para a conquista *territorial* dos corações... Quantos séculos gastará em tal empreendimento, quiçá muito mais difícil?!

Não desanimemos, entretanto. Uma alma que se entrega ao Cristo atrairá centenas de outras almas, como Ele próprio nos disse: "Quando eu for levantado da cruz, atrairei todos a mim..."

XXX

UNAMO-NOS

"O Espiritismo deveria ser uma salvaguarda contra o Espírito de discórdia e de dissensão; mas esse Espírito tem, em todos os tempos, derramado elemento de discórdia sobre os humanos, porque tem inveja da felicidade que proporcionam a paz e a união." (Cap. XXXI – Segunda Parte – item XXVI)

A História registra que as discórdias e as dissensões sempre foram os maiores adversários das causas mais nobres.

O Cristianismo, desde o princípio, mesmo quando Jesus estava na Terra, sofreu com as desavenças entre os seus adeptos.

Assim que se viram livres das perseguições de

três séculos, os cristãos começaram a disputar entre si, permitindo que o espírito de competição lhes prejudicasse as tarefas.

Em suas famosas epístolas às comunidades nascentes do Cristianismo, Paulo as concita à fraternidade legítima, afastando-se do personalismo que tantos estragos provocaria em suas fileiras.

Observamos hoje na Doutrina Espírita, passado o período das perseguições que lhe foram movidas fora de seus muros, uma tendência de se repetir os equívocos do Cristianismo, logo que Constantino o declarou religião oficial do Estado.

Infelizmente, dados a polêmicas acirradas, a pretexto de defender o Espiritismo, os espíritas têm se esquecido de preservar a paz do movimento doutrinário a que se encontram engajados.

Sem respeito mútuo não existe união eficaz.

Transformando os seus periódicos em "praças de guerra" de opiniões, atacam-se uns aos outros, esquecidos certamente da advertência de Jesus quando afirmou que uma casa subdividida não consegue se manter de pé...

O nosso apelo é no sentido de que os companheiros de ideal espírita-cristão procurem efetivamente se unir, como integrantes de uma única e mesma família.

Que olvidem possíveis divergências doutrinárias para que o movimento não se enfraqueça e não apresente brechas ao ataque das Trevas...

Que os médiuns sintam a responsabilidade que lhes pesa sobre os ombros e guardem vigilância redobrada contra os Espíritos incendiários, aqueles que alimentam o fogo da desavença nos corações.

A Timóteo, em sua 1ª carta, Paulo assevera no Cap. 6, versículos 3 a 5: "Se alguém ensinar uma outra doutrina e não concordar com as sãs palavras de nosso Senhor Jesus Cristo e com a doutrina conforme a piedade, é porque é cego, nada entende, é um doente à procura de controvérsias e discussões de palavras. Daí nascem invejas, brigas, blasfêmias, más suposições, altercações intermináveis entre homens de espírito corrupto e desprovidos de verdade..."

Sempre que tenhamos de nos dirigir uns aos outros, façamo-lo fraternalmente.

Evitemos ataques pessoais, a pretexto de defender a Verdade.

Que os médiuns não se invejem mutuamente. Que os grupos permutem experiências com humildade. Que o movimento espírita se mostre coeso, na certeza de que os maiores desafios ainda estão por vir...

A maior luta da Doutrina, num futuro não muito distante será para manter-se livre dos movimentos espiritualistas paralelos que se multiplicam, em todo o mundo, na atualidade. Admitindo alguns de seus postulados, como a reencarnação e a mediunidade, esses espiritualismos modernos, todavia, não se encontram vinculados ao Cristo e, se disseminam ensinamentos esotéricos, não sustentam nenhuma proposta mais séria de renovação íntima.

Que o Espiritismo permaneça fiel ao Evangelho e sobreviverá doutrinariamente a essa verdadeira "avalanche" de seitas orientalizadas que têm arrebanhado milhões e milhões de seguidores em toda parte. Mas para que a Doutrina Espírita triunfe com a bandeira do Evangelho, necessita que os seus adeptos falem a mesma língua, não transformando-a, pelas suas discórdias, numa moderna "torre de Babel"...

Os Espíritos mais diretamente responsáveis pelos rumos do movimento espírita têm revelado essa preocupação constante e, sempre que possível, solicitam-nos concitar os confrades à tolerância, à compreensão, à perseverança, à renúncia e, sobretudo, à boa vontade de uns para com os outros.

Unamo-nos, pois.

Não nos transformemos em "pedras de tropeço" do que nos é tão caro!

Não sejamos obstáculos à propagação da Doutrina que tem sido a razão de ser de nossas vidas.

"Muito se pedirá a quem muito recebeu"...